세상을 바라보는 따뜻한 시선, 아카이브

일상의 소중함은 기록으로, 기록은 미래를 여는 지혜로

세상을 바라보는 따뜻한 시선, 아카이브

손동유 지음

가연

스스로 만들어 나가는 일상의 역사

　　1999년 한국역사연구회에서 함께 공부하고 활동하던 선배들의 권유로 기록학에 입문하면서 처음 아카이브라는 단어를 알게 되었다. 가르쳐 줄 선생님도 많지 않았고, 변변한 교재가 없어서 외국에서 나온 책을 복사해서 수업 때 사용하기도 했다. 함께하던 이들은 우리나라도 기록을 중요하게 여기고 다루는 나라가 되어야 하고, 갓 제정된 '공공기록물법'이 하루 빨리 안정적으로 정착되기를 바랐다. 그때를 시작으로 '기록(관리)학과'가 생겼고, 많은 인력이 양성·배출되고 있다. 그들 중 적지 않은 사람들이 공공기관에서 기록전문가로 일하고 있거나 기록학 분야에서 연구와 활동을 하고 있다. 덕분에 공공기록물법이 생기기 전과는 비교할 수 없을 만큼 발전해왔다. 아직도 많은 숙제가 있고, 악용하는 사람들이 있어서 걱정을 놓을 수 없지만 그래도 이루어 놓은 성과는 무시할 수는 없는 수준이다.

2000년대로 넘어오면서 빠른 속도로 디지털 환경이 찾아왔고, 사무실들은 물론이고 집집마다 컴퓨터를 두고 인터넷을 연결하게 되었다. 디지털 녹음기, 카메라, 캠코더 등이 등장하고 이들을 통해 만들어진 여러 가지 자료가 인터넷에 올라왔다. 저장매체도 크기는 작아지고 용량은 어마어마하게 커졌다. 그러는 동안 마음만 먹으면 누구나 쉽게 문서, 사진, 음성, 영상을 만들고 필요에 따라 선별해서 사용하고 공유하는 시대가 왔다.

어느새 인터넷 공간에서는 '아카이브'라는 말이 눈에 띄기 시작했다. 주로 특정 자료를 모아놓거나 사진이나 영상 등을 촬영해서 남기는 것을 아카이브라고 부르는 사람들도 있다. 딱 맞지는 않지만 아주 틀렸다고도 할 수 없다. 일하는 현장, 삶의 현장에서 아카이브를 만들려는 시도가 셀 수 없을 만큼 늘어나고 있다.

사전적으로 아카이브는 우선 영구적인 보존가치가 있는 기록을 의미한다. 그리고 기록물을 맥락과 함께 잘 관리하고 보존하면서 편리하게 이용할 수 있게 정리하고 분류해 지속적으로 활용할 수 있게 하는 곳도 아카이브라고 한다.

후자, 기구(機構)로서 아카이브는 가치 있는 기록을 체계적으로 만들거나 모으고, 찾기 쉽게 기록의 이름을 정하고 맥락정보를 입력해 두고, 훼손되지 않도록 과학적 조치를 하고, 필요할 때 편리하게 사용할 수 있게 하는 곳이다. 소장기록을 활용하여 전시, 출판, 연구, 교육, 창작활동 등 이용자와 기록을 매개로 호흡할 수 있는 다양한 활동을 하는 것도 아카이브의 몫이다. 이처럼 아카이브는 한 사회의 문화와 역사를 반영하고 있는 기록을 저장하고 전승한다. 또한 아카이브는 사회 구성원들 각각의 존재 의미와 역할을 이해할 수 있게 하는 기능을 하는 기억기관이자 문화기관이다.

우리나라에서는 아카이브와 관련된 공부를 위해서 기록학 또는 기록관리학이라는 이름으로 관련 학회가 활발하게 활동하면서 학계를 이루고 있고, 국내 20여 개 대학원과 3개의 교육원에서 전문인력을 양성하고 있다. 졸업생들은 정부기관, 지자체, 공공기관 등에 진출해 있고, 민간분야에서도 기업, NGP, NPO 및 문화기관 등에 진출의 경로가 서서히 열리고 있다. 우리나라에 기록관리 분야가 시작할 시기에는 관련 산업이 거의 없었으나, 1999년 '공공기관의 기록물 관리에 관한 법률'이 처음 생기면서 서서히 기록관리 시스템 개발, 아날로그 자료의 디지털화, 교육 및 컨설팅, 기록물 수집 및 정리, 관련 연구 등으로 분야가 확장되고 있다.

학문으로서 기록학은 다양한 전문분야 및 기록관리 현장과 협업했을 때 비로소 완성되는 복합학문이다. 아카이빙이라는 일 또한 사람들의 삶의 흔적을 다루기에 세상에 대한 풍부한 이해가 필요하다. 학문과 현장의 조화로운 만남이 필요하다. 생활과 일의 현장에서 아카이빙 활동하는 사람들이 학문영역으로 진입하는 것보다는 연구자들이 현장에 참여하는 것이 쉽고 빠르다. 안에서 보는 현장과 밖에서 보는 현장은 많이 다르다. 현장 활동가들에게 이론은 필요한 때 요긴하게 쓰이는 도구여야 한다. 하지만 연구자들에게 현장이 필요할 때 쓰이는 도구여서는 안 된다. 그런 의미에서 아직 연구자들의 현장참여가 부족한 현실, 현장 활동가들에게는 필요할 때 사용할 도구가 빈약한 현실을 체감한다. 현장과 학계 사이에서 통역사 역할을 하고 싶다. 이 책을 쓰고자 맘먹은 이유이기도 하다.

그리고 또 하나의 이유는 기록이 세상을 밝고 건강하게 해줄 것이라는 믿음을 말하고 싶어서이다. 사람들이 서로 존중하고 다투지 않고 살아가면 좋겠지만, 꼭 그렇지만은 않다. 미움과 다툼도 적잖이 겪고 살아간다. 미움이 쌓여 혐오를 낳고 범죄로 이어지기까지 한다. 주변에서 일어나는 다툼은 대체로 오해하거나 이해하지 않으려고 해서 생긴다. 사정을 조금만 알면 그렇게까지 대응하지 않을 일을 드러나는 모습만 보고 속단하고 결론짓고 욕하고 미워하면서 싸운다.

기록은 사람이 살아가는 모습을 담고 있다. 기록에 담긴 맥락을 통해 상대방의 생각, 취향, 행동을 이해하는 데 도움을 받을 수 있다. 이해가 생기면 배려도 가능해진다. 배려를 하면 다툼이 줄어들 것이다. 오해나 몰이해에서 비롯된 분쟁과 혐오를 줄이는 것만으로도 세상을 조금은 밝고 건강하게 만들어 갈 수 있다고 생각한다.

그렇기 때문에 아카이빙 과정에서 언제나 잊지 말아야 할 단어는 가치, 맥락, 소통이다. 아무것이나 아카이빙 할 수도 없고 모든 것을 아카이빙 할 수도 없다. 해당 아카이브가 지향하는 가치를 정하고, 그것에 부합하는 기록을 아카이빙 해야 한다. 맥락을 확보하지 못한 기록은 공감하기 어렵다. 사진 한 장, 물건 하나에도 왜 이 기록이 가치가 있는지 정보를 함께 소개하면 훨씬 이해하기 쉽다. 가치 있는 기록을 맥락과 함께 소장하고 있는 것도 중요하지만, 공유하지 않는 기록은 아무 의미 없다. 많은 사람들과 함께 공유할 때 그 기록은 살아 숨 쉬게 된다. 기록이 살아 숨 쉬고 자기 기능을 한다는 건, 기록을 매개로 사람의 소통이 누적된다는 의미이다. 그렇게 기록은 우리가 어떻게 살아왔고, 어떻게 살고 있는지 보여줄 것이고 기록을 통한 소통의 누적은 우리가 어떻게 살아가면 좋을지 알려줄 것이다.

책을 세상에 내놓기까지 도와준 분들이 한 사람 한 사람 떠오르지만, 일일이 거명하지 않기로 했다. 너무 많기 때문이다. 세상 혼자 살아오지 않았다. 어려울 때마다 의논하고 도와준 선후배와 친구들이 있고, 건강한 긴장을 늦추지 않게 해주며 함께 가는 동료가 있고, 늘 믿고 지켜봐주는 가족들이 있다. 그리고 맑은 심성과 눈으로 내 얘기를 들어주며 기록과 함께 삶을 개척해 나가는 여러 지역의 기록 활동가들이 있다. 그분들을 생각하면서 이 글을 썼다. 또한 이번에 책을 펴내게 되는 데에 자청해서 고삐를 잡고 결정적인 역할을 해준 사람이 있다. 아카이브만큼 생소한 출판 코디네이터로 활동하는데 이 책 어딘가에 이름이 나올 것이다.

나의 부모님은 내 삶의 원천이다. 1942년 생 어머니는 살아계시고 1939년 생 아버지는 몇 해 전 오셨던 곳으로 가셨다. 마을 기록 활동가들을 만나서 이런 저런 얘기를 나누며 우리나라가 걸어온 지난 세월을 되돌아 볼 때는 고향인 평안도, 황해도를 떠나 피난 내려와 인천에 살다 만난 두 분의 이야기를 소재로 하곤 한다. 소소하게 여길 수도 있는 한 사람 한 사람의 삶이 큰 줄기의 역사와 어떤 관계가 있는지를 생각할 때 부모님의 삶이 떠오른다. 어머니도 스스로의 삶이 결코 의미 없지 않았다는 것을 꼭 아셨으면 좋겠다. 아카이빙 분야에서 일하고 공부하는 나의 바람 중 하나이다.

차례

소통 시대의 아카이브

예전에는 '기록학'을 전공한다고 하면 "뭐요? 기독학이요?" 했다. 요즘은 "정말 우리 일상에 필요한 분야를 하는군요?" 하며 반겨주는 분들이 많다. 이 책을 마주하며 그래서 더 기뻤다. 사람들의 관심은 높은데 마땅히 기록에 쉽게 접근할만한 책이 많지 않기 때문이다. 저자 역시 그런 마음에서 이 책을 썼으리라. 책 안으로 들어가 보면 그런 저자의 '이타적 마음'이 곳곳에서 드러난다. 어려운 이야기를 쉽게 풀어주는 능력도 돋보인다. 추천사이지만 지면을 빌어 저자의 노고에 경의를 표하지 않을 수 없다.

한국에 기록학이 태동한 지 벌써 30년이 되어 간다. 공공기록물관리법을 제정하느라 이리 뛰고 저리 뛰고 했었다. 세종로 청사 뒤 주차장 쪽에 버젓이 소각로가 있었다. 죄의식 없이 무단폐기가 밥 먹듯 자행되는 시대였으니 급할 수밖에. 다행이 법이 제정, 시행되었고 공공기록물 관리는 조금씩 자리를 잡아갔다. 물론 지금도 한계는 많다. 열심히 뛰는 전문가들, 그리고 기록의 가치를 알아가는 시민들이 있으니 시간이 지나면서 스스로 진보해갈 것이다. 시민의 힘에 의해 공공기록물 관리체제가 성장할 날도 머지않아 오리라 믿는다.

마음이 급하다 보면 여러 우를 범하기 마련이다. 기록학 태동기에 활동한 기록학자들도 예외는 아니었다. 모두 기록학의 기본 이론을 정립하고 기초 제도를 구축하는 데 애썼다. 권력의 힘을 빌려 공공사회를 압박하는 일도 주저하지 않았다. 시민이 주인이 되는 민주주의의 원칙을 어기면 뒤탈이 생기기 마련인 것을 모르고 말이다. 제도 정비가 꽤 됐음에도 불구하고 정권이 바뀌면 공공기록물 관리는 온갖 소용돌이에 휘말리곤 했다. 그래서 더더욱 기록 민주주의가 절실했다. 시민들의 삶에 기록이 스며들고, 업무 과정에서 기록의 가치를 실감하는 공무원들이 스스로 나서서 공공기록물 관리의 질서를 만들어갈 필요가 있었다.

2010년을 전후한 시기부터 시민들의 삶의 현장에 뛰어든 사람들이 있었다. 종이에 쓰인 기록뿐만 아니라 구술 기록과 같은 날것에 더 주목하기도 했다. 권력자의 기록이 아니라 '난쟁이'의 기록에 주목해야 한다는 세계적 추세도 이런 움직임에 한몫을 했다. 기록 실천주의를 외치는 아키비스트들은 먼 미래를 바라보며 묵묵히 삶의 현장에 진을 쳤다. 마을, 단체, 예술 활동의 현장 그리고 몇몇이 모여 동호회처럼 움직이는 그 역동적인 현장에서 그들은 기록과 씨름했다. 사실 씨름도 하고, 술도 마시고, 조금은 다투기도 하고, 웃고 하나가 되기도 하고 하면서 말이다.

이 책은 그런 역동의 현장 보고서이다. 기록학의 기초를 시민들에게 전달하려는 전문가로서의 실천적 의지가 보고서의 사이사이에 발현되어 있다. 저자는 이론과 기초 지식은 스며야 제맛임을 아는, 사랑 많은 전문가이다. 편안한 마음으로 책을 읽다보면 그런 저자의 모습이 떠오를 것이다. 이 책의 숨은 재미 아닐까 싶다. 주먹을 불끈 쥐고 구호를 외치는 것보다 무서운 것이 재미다. 시민들이 기록의 세계를 의미와 더불어 재미로 접하기를 바라는 저자의 바람이 그대로 이 책에 투영되어 있다.

이 책에는 기록은 도대체 어떻게 쓰고 만드는 것인지, 또 어떻게 잘 정리해서 공유하고 소통하는 것인지, 나아가서는 기록 속에 담긴 교훈들을 어떻게 세상에, 역사에 남길 것인지에 대한 구체적인 답들이 담겨 있다. 셀 수 없이 많은 기록의 사례들이 그 답을 쉽게 이해할 수 있게 해준다. 말 그대로 살아 숨 쉬는 교과서 같은 책이다. 시민들이 기록에 관심을 갖기 시작한 지금의 시점에 이 책이 나온 것은 참으로 다행한 일이다.

기록을 나눠야 넓게 그리고 오래 소통할 수 있다. 시민들이 세상의 주인이 되는 길은 넓게 오래 소통하는 데서 찾아야 한다. 이 책이 우리 사회의 실질적 민주주의, 생활 민주주의를 진전시켜감과 동시에 우리 한 사람 한 사람의 삶을 풍요롭게 만들어 가는 데 기여하기를 바란다.

세월호 참사 직후 안산 분향소 앞에서 어느 유가족 아버님이 내게 했던 이야기가 생각난다. "기록을 남겨야 여러 사람이 오래 기억할 수 있어요. 교수님은 다른 거 말고 기록이나 열심히 하세요!" 그의 말에 답하는 아키비스트 또 한 사람을 만나게 되어 반갑고 감사하다.

김익한(대한민국 1호 기록학자, 명지대 교수, 「거인의 노트」 저자)

우리나라의 품격을 높이는 아카이빙

자신을 잘 알게 되는 것. 자신이 가야 할 길을 안다는 것은 오로지 자신만을 들여다보고 있어서 되는 일이 아니라는 것을 나이가 들며 알게 된다. 자신의 이해는 타인의 이해와 동시에 성장하는 것이라서다. 나 자신만이 아니라 나의 가족, 나의 준거 집단, 나의 나라에 대한 생각과 이해도 유사하다. 오로지 나의 조국의 역사만 바라볼 때의 시각과 많은 나라의 역사를 공부하고 경험하게 된 후의 시각은 결코 같을 수가 없다.

세뇌란 참으로 무서운 것이어서, 대한민국의 중년 이상 세대는 자신도 모르게 식민사관에 젖어 있었던 것 같다. 한국인은 냄비근성이 있어서 맞아야 정신 차리는 사람들이고, 조선은 오로지 당파싸움으로 소일한 나라여서 식민지나 독재정권이 더 적합하다는 식의 자기비하 의식이 상당했다. 그러나 수많은 나라의 역사와 사회, 문화를 알게 될수록 한 왕조가 500년 가까이 지탱했다는 것이 얼마나 희귀한 일인지 알게 되고, 그 기저에 형성된 지적 토양을 깨닫게 된다. 이를테면 오랜 시간 왕과 신하들의 정무를 일거수일투족 기록한 세계적인 보물 『조선왕조실록』 같은 것이다.

사회생활을 하며 조직과 인사의 이치를 깨닫고 보니 봉건시대 절대지존의 언행을 과장도 왜곡도 없이 기록하게 하고 이를 훼손하거나 억압하지 않았다는 것이 얼마나 놀랍고 파격적인 일인지 새삼 놀라게 된다. 또한 그런 기록들을 통해 왕과 신하, 신하 대 신하가 그저 주관적 의견이 아닌 체계적인 사회이론에 입각해 자기주장을 확실히 하며 의견을 나눌 수 있었다는 것이 얼마나 튼실한 민주제도에 입각한 것이었는지도 절감하게 된다. 오로지 당쟁이라 가벼이 폄하될 일이 아니었던 것이고 그런 기본기가 튼튼했기에 뼈아픈 근대사에도 불구하고 이토록 빠르게 대한민국이 성공적인 민주사회로 자리 잡고 성장할 수 있었다고 믿는다.

'기록하기'란 그만큼 중요한 일이다. 기록 그 자체로도 소중한 것이지만 기록의 의미를 이해하는 인식과 마음이 한 사회의 질과 수준을 보여주는 바로미터가 되기 때문이다. 이 책은 그런 기록과 아카이빙의 의미, 가치, 이를 위해 노력해온 사람들을 알려주고 이 사회의 발전을 위해 어떤 노력을 더욱 기울여야 하는지를 상세히 기술하는 책이다. 일제에 의해 맥이 끊겼던 기록의 역사를 보존하고 발전시키고자 하는 단단한 목표의식과 성실함으로 살아온 저자와 기록자들의 노력에 진심으로 응원을 보낸다.

박선화 (한신대 교수, 『남자에겐 보이지 않아』 저자)

쉽게 풀어쓴
아카이브 입문자를 위한 필독서

이 책의 첫 장 소제목 '유행처럼 다가오는 아카이브'라는 표현처럼 이제는 아카이브라는 용어를 주위에서 어렵지 않게 찾아볼 수 있습니다. 빠르게 변해가는 세상 속에서 자기가 살고 있는 동네와 주위 사람들의 모습을 사진과 영상, 글로 기록하고 함께 나누는 활동에 많은 사람들이 관심을 갖고 참여하고 있습니다.

자칫 잊힐 뻔한 우리 동네의 과거와 현재 모습을 기록으로 남겨 전승한다는 행위는 그 자체로도 중요한 의미를 가질 뿐만 아니라 새로운 것을 찾아 탐구하는 재미와 다른 여러 사람들과 교류할 수 있는 기회를 전해주기도 합니다. 방법은 제각기 차이가 있지만 이런 장점으로 여러 공공기관과 민간단체에서 지역 아카이브 활동에 나서고 있습니다. 그 가운데 남들이 부러워할 만한 성과를 내며 꾸준히 성장해 가는 곳도 있는 반면, 이런저런 사정으로 중단되거나 흐지부지되는 경우도 볼 수 있습니다. 모든 일에 끝이 있기 마련이고 어려움을 겪고 극복하는 과정에서 얻는 것도 있겠지만, 그래도 한번 벌인 일이 잘 풀려나가길 바라는 마음은 모두 같을 것입니다.

제가 있는 서대문구도 '유행'에 편승하여 지난 2022년부터 민관협치사업 예산지원을 받아 구립도서관을 중심으로 '서대문구마을기록보존사업'을 하고 있습니다. 이 책의 저자인 손동유 원장님은 마을 기록활동가 강사이자 멘토로서 인연을 맺게 되었습니다. 드러내놓고 의견이 대립한 것은 아니었지만 처음에는 몇 가지 미묘한 생각의 차이가 있었던 것 같습니다.

먼저 활동가 교육이 학문적인 이론보다 재미와 흥미를 끄는 내용 중심으로 진행되길 바랐습니다. 교육 수강생 상당수가 나이 많은 어르신이고 자칫 중간에 어렵다고 다들 포기하고 나가면 어떻게 하지라는 걱정 때문이었습니다. 또 남들이 했던 것과는 다른 우리만의 차별화된 가시적인 결과물이 나오길 기대했습니다. 사업관리자 입장에서 빠른 시간 안에 외부에 내놓고 자랑하고 싶은 마음이 앞섰던 것 같습니다.

손 원장님은 꿋꿋하게 1강 「아카이빙의 이해」를 시작으로 무더운 여름 두 달 반에 걸쳐 이론과 실습과정을 밀고 나가셨습니다. 그리고 교육 내용을 바탕으로 꾸밈없이 활동가들과 구술과 사진, 영상 촬영을 진행하며 그 결과를 책자와 전시회에 담아냈습니다. 그렇게 2년을 노력한 결과 우리는 앞으로 오랫동안 함께할 열의와 탄탄한 이론적 기반을 갖춘 민간 기록활동가 집단을 키워낼 수 있었습니다.

이 책의 원고를 처음 받아보고 글을 읽으며 지난 2년간 강의실과 사석에서 손 원장님께 듣고 배운 순간의 모습들이 생생하게 떠올라 너무나 반가웠습니다. 이 책의 1장과 2장에서는 아카이브와 기록에 관한 이론적인 내용을 설명하고 3장과 4장에서는 실제 기록을 수집하고 모으고 관리하는 구체적인 방법을 설명하고 있습니다. 후반부인 5장과 6장에는 민간 아카이브 활동의 기대와 관련 제도 정비의 필요성에 관한 내용을 담고 있습니다. 아카이브에 대해 반드시 알아야 할 전문적이고 내용이 뼈대를 이루지만 일상에서 흔하게 접할 수 있는 구체적인 사례를 들어 누구나 어렵지 않게 이해할 수 있도록 쉽게 풀어 설명하고 있습니다. 지난 오랜 시간 동안 민간 기록활동가를 길러내며 쌓아올린 노하우가 고스란히 반영된 결과일 것입니다.

무엇보다 인상적이었던 것은 이 책의 제목입니다. 아카이브를 '세상을 바라보는 따뜻한 시선'이라고 표현하다니. 기록이라는 것이 내가 사는 동네, 주위 사람에 대한 숨은 가치를 발견하고 의미를 찾는 행위라고 이해한다면 절대로 과한 표현이 아닐 것입니다. 또한 저자가 평생을 바쳐 탐구한 '아카이브'에 대한 헌사이자 세상 사람들에게 '아카이브'의 진정한 가치를 전하는 메시지는 아닐까 하는 생각도 해봅니다.

아카이브의 세계에 입문하기 바라는 사람들과 이미 곳곳에서 아카이브로 보다 따뜻한 세상을 만들어가기 위해 애쓰고 있는 모든 분들에게 많은 도움이 될 값진 선물을 안겨주신 손동유 원장님의 노고에 진심으로 감사드립니다.

송재술 (서대문구립 이진아기념도서관 관장)

아카이브란 무엇인가?

유행처럼 다가오는 아카이브

아카이브는 한 시기 유행처럼 지나갈 현상이 아니라 앞으로 우리 삶에 한자리를 차지하고 함께 갈 하나의 새로운 문화라고 생각한다. 그간 기록학계와 시민사회, 정부와 공공기관에서는 꾸준히 아카이브 활성화에 대한 논의와 시도를 해왔다. 사회적 환경도 아카이브와 함께 할 충분한 준비가 되어 있다. 게다가 시민들은 진작부터 아카이브를 기다리고 있었다. 아카이브가 그저 유행이 아니라는 점을 세 가지 측면에서 이야기해 보고자 한다.

우선 법과 제도의 영향이다. 최근에는 주변에서 크고 작은 공사를 할 때면 안내판을 설치해서 무슨 공사를 언제까지 하는 것인지 등을 설명한다. 담당자 연락처도 적어두어 공사에 대해 불편하다고 느끼거나 궁금한 사항이 있는 사람들이 의견을 전달할 곳을 알려주기까지 한다. 시민들이 공공기관에서 하는 일에 대해 궁금하면 질문하고, 불합리하다고 판단되면 항의도 하고, 관련 기록을 요구하는 것이 자연스러운 시대가 되었다.

권위주의 정권 시절 이런 일이 가능했을까? 극단적인 사례지만, 경기도 A시의 주민 구술 인터뷰를 하면서 들은 얘기다. 과거 시 승격 이전에 새마을운동의 일환으로 도로공사를 하는데, 어느 집의 마당을 관통하게 계획이 되었다고 한다. 당연히 그 집 사는 주민은 반

요즘에는 공사를 할 때 규모와 상관없이 반드시 안내문을 내걸곤 한다.
2023년 5월 마포구 서교동

발을 했다. 그랬더니 군청 공무원이 따귀를 때리고 굴복시키고는 공사를 강행했다는 것이다. 정도는 다를지 몰라도 관청의 위압적인 행태가 거의 사라진 건 그리 오래전 얘기가 아니다. 오죽하면 관에서 겨울에 무슨 공사를 하면 주민들은 "예산 남으니까 아무 공사나 해서 세금을 낭비하고 있다."고 수군거리곤 했겠는가. 사실 확인되지도 않은 이야기를 그런 식으로 했던 건 믿지 못해서였다. 시민들에게 기록과 정보를 공유하지 않고, 설명도 제대로 하지 않으니 불신과 불만이 있을 수밖에 없었다.

물론 지금이야 공공기관이 무슨 일을 할 때 시민들에게 말로 설명만 하는 게 아니라, 관련 기록과 정보를 근거로 제시한다. 이제 공공기관이 업무의 배경이자 결과로서 기록을 적확하게 만들고 남겨서 시민들의 요구가 있으면 열람해 주는 것이 일반화 되었다. 우리 사회가 권위주의 시대를 극복하고 민주화되어 왔다는 것을 이렇게 생활 곳곳에서 확인할 수 있다. 오랫동안 민으로부터 신뢰받지 못했던 관이 서서히 변화해 오는 과정에서 많은 시행착오를 거쳐 얻어낸 지혜이기도 하다.

그 지혜는 법적 근거를 마련하면서 구체적으로 실현되었다. 1996년 12월 31일에 제정되어 1998년 1월 1일자로 시행된 공공기관의 정보공개에 관한 법률은 '공공기관이 보유ㆍ관리하는 정보에 대한 국민의 공개 청구 및 공공기관의 공개 의무에 관하여 필요한 사항을 정함으로써 국민의 알권리를 보장하고 국정(國政)에 대한 국민의 참여와 국정 운영의 투명성을 확보함을 목적'으로 만들어졌다. 이어 1999년 1월 29일 제정되고 2000년 1월 1일부터 시행된 공공기록 물관리에 관한 법률은 '공공기관의 투명하고 책임 있는 행정구현과 공공기록물의 안전한 보존 및 효율적 활용을 위하여' 만들어졌다.

보통의 일상을 사는 사람들이 이 법들의 명칭과 내용을 정확히 알지 못해도 사는 데 별 지장이 없다. 그러나 이런 법률이 생기면 그 나라 사람들 누구나 그 법률이 정하는 규범에 따라 살아가고 있다는 것은 중요하다. 공공기록물법, 정보공개법의 제정과 시행으로 오늘 날 많은 시민들은 나라와 사회가 운영되는 과정에서 기록은 꼭 필요 한 것이고, 시민들이 원하면 볼 수 있다는 생각을 갖게 되었다.

공공기관의 운영이 점차 투명하게 시민들에게 알려지고 있고, 공 공기관이 국민들에게 강압적인 태도로 일관하던 일도 줄어들게 되 었고, 불필요한 오해나 불신도 조금씩 줄어들게 되었다. 이처럼 기 록은 민주주의의 정착과 함께 우리 사회에서 자리를 잡아가고 있 다. 공공기관이 국민을 위해 존재하듯이, 공공기록물 또한 공공기 관만의 것이 아니라, 국민 모두의 공유재라는 것이 상식이 되고 있 다. 설령 한시적으로 공개할 수 없다거나, 비밀로 다루어져야 하는 기록일지라도 그 조건이 해소되면 언젠가는 국민들이게 공개해야 만 한다.

다음으로는 디지털 환경이다. 사람들은 일상적으로 하는 상품 구 매, 식당과 대중교통 이용, 교육, 모임, 취미, 직업 등에서 완전히 새 로운 방식의 삶을 살며 사고를 하고 있다. 이제는 '누구나 기록을 만 들 수 있는 세상'이라는 선언이 새롭지 않다. 나아가 누구나 기록을

지난 20여 년 동안 우리 생활 속에 깊숙이 자리 잡은 디지털기기

만드는 데 그치지 않고, 누구나 실시간 많은 양의 기록과 정보를 공유하면서 살아가고 있다. 그리고 누구나 자신에게 유용한 기록과 정보를 필요에 따라 선별해서 사용하고 있으며, 여러 디지털 플랫폼의 장단점을 자신만의 잣대로 구분하면서 활용한다. 이제는 생활필수품이 되어버린 스마트폰과 컴퓨터를 이용하여 필요한 기록과 정보를 생산, 수집, 분류, 정리, 보존, 활용하면서 살아가고 있는 것이다.

아카이빙 과정도 크게 다르지 않다. 가치 있는 기록물을 생산, 수집하고 사용하기 좋게 분류, 정리하며 안전하게 보존하면서 필요할 때 활용하는 것이다. 스스로 그렇게 느끼거나 표현하지 않을 뿐이지 디지털 환경에서 우리는 어느덧 아카이빙 공정을 일상적으로 하면서 살아가고 있다.

최근에는 인터넷 공간에서도 특정 자료들을 모아두고 '아카이브'라고 부르는 곳이 종종 보이고, TV 프로그램에서도 '아카이브'라는 이름이 등장하기도 하며, 심지어 쇼핑몰이나 아파트 광고에서도 '아카이브'라는 표현을 사용한다. '아카이브(archives)'가 영구적인 보존가치 있는 기록물, 또는 그런 기록물을 다루는 기관이나 기구를 의미한다는 사전적 의미가 무색할 정도다. '아카이브'가 친숙해지고, 일상화 되고 있다는 것을 반영하는 것 같아서 반갑다.

하지만 '아카이브의 일상화'가 곧 '일상 아카이브'를 의미하는 것은 아니다. 예를 들어, TV 프로그램에서 다루는 '아카이브'는 주로 중요한 사건, 유명한 인물을 중심으로 기억과 기록을 다루고 있고, 특별한 성공이나 또는 그 성공을 이룬 사람에 주목하는 경향이 있다. '일상 아카이브'와는 큰 차이가 나는 접근이다. 일상 아카이브는 보통 사람들의 보통의 생활에 주목한다. 지금까지 제도권 역사는 중앙, 권력, 명망가, 이긴 사람, 많이 가진 사람들의 기록 즉, 기록을 많이 남겼거나, 남길 수 있는 여건에 있는 사람들을 중심으로 서술되었다. 일상 아카이브는 보통 사람들의 삶이 역사의 소재가 되어 보통 사람이 주인공이 되는 역사를 만들어 가는 중요한 출발점이 된다. 그간 이름 없이 세상을 일궈 왔던 보통 사람들이 역사의 무대에 우뚝 서는 순간이다.

이러한 맥락에서 세 번째로 시민의식을 들 수 있다. 우리는 지난 권위주의 정권시절 국가주의가 지배하는 산업화 과정을 거치며 국가권력이 요구하는 '성실'과 '하면 된다.'는 주문을 외우면서 '빨리 빨리', '열심히' 살아야 했다. 학교, 직장, 모임에서 무조건 열심히 하는 것이 최고의 덕목이었다. 그런 사회질서의 경쟁에서 살아남아야 인정받을 수 있었다. 하지만 사람들은 불의에 저항하는 인간의 본성마저도 잃고 산 것은 아니었다. 한국의 시민사회는 폭압적인 정권에 저항하는 과정에서 수많은 희생을 치르고, 고초를 감내해 내면서 마침내 제도적 민주화를 이루어 냈다.

이제 우리 사회는 인권과 다양성을 매우 중요한 가치로 인식하게 되었다. 지난 시기 폭력적인 국가권력의 통제 아래서 개인주의적이고 경쟁논리에서 순응했던 삶을 성찰하면서 새로운 사회적 관계 모색이 시도되었다. 함께 잘 살아가자는 마음들이 모여 '마을 공동체'로의 도전이 늘어나고 있다.

우리의 민주화 과정은 '격동'이라는 단어로는 부족하다. 부산에서, 마산에서, 광주에서, 대전에서, 강릉에서, 서울에서 그리고 전국의 너무나 많은 지역에서 희생이 있었다. 사회 구성원 절대다수는 민주화를 열망했고, 행동으로 이어졌다. 아무리 정권이 '소요', '사태', '폭동'으로 낙인찍고 매도하려고 해도 민주시민들은 부정한 정권의 거짓 선동에 이용당하지 않고 마침내 민주화를 이루어 냈다. 도심 시위 인파가 도로를 가득 메우는 큰 항쟁의 과정에서도 스스로 질서를 유지하며 도덕적 우위를 잃지 않은 것은 물론이다.

민주화를 이룬 우리 시민사회는 승리에 도취해 있지만은 않았다. 차분히 돌아보며 그 다음을 생각하기 시작했다. 우리가 이룬 민주주의란 과연 무엇인가? 국민이 직접 대통령을 선출하는 게 민주주

도시의 기록자

시민 아키비스트 양성 심화과정

도시의 가치들과 다채로운 이야기를
채집하고 기록하는 시민 아키비스트 양성

〈도시의기록자〉 심화과정
아카이빙 프로세스
강의 : 손동유 (아카이빙네트워크연구원)

해문화의전당 멀티미디어 강의실

육월정

일시	내용
11일(금) 9시 - 21시	(강의1)일상아카이빙과 지역문화
18일(금) 9시 - 21시	(강의2)아카이빙프로세스
3월 말	팀 구성 및 아카이빙 활동계획 수립
4월	· 팀별 아카이빙 활동 · 활동중간 점검 및 컨설팅 · 4월 말까지 활동결과 취합
5월	활동결과를 수정 및 보완 성과공유 작업
20일 (금) 7시 - 21시	(강의3)기록의 보존과 활용 · 활동 평가 및 결과공유회

※코로나19 상황에 따라 변경이 진행 될 수 있습니다.

(코로나19 시민참여
디지털아카이빙 프로젝트)
시민기록
활동가교육

제1차 교육
일시 : 2020.9.21.(월)
　　　오후2시~4시
장소 : TBS 12층 하디오공개홀
주제 : ㅡ오리엔테이션
　　　ㅡ아카이빙 이해

참여자는
사회적 거리두기 및
마스크를 착용해 주십시오.
2M

주최 : 미디어재단 TBS
협력 : (협)아카이빙네트워크연구원

모집기간
2023.
6.29.THU ~
7.18.TUE

시민
기록단

2023 문화도시 포항
문화도시 기록사업 시민주도 아카이빙
시민기록단 「아카이빙 교육」

일시 : 2023. 7. 29. (토) 10:00 ~ 15:00
장소 : 아르코 공연연습센터 2층 세미나실

phcf

활동비 지급, 시민기록증 책자 발간, 수료증 발급 등
054-289-7913 / kimzh@phcf.or.kr

지역을 기록하다.

- 시흥아카데미 -
마을기록학교

시수 및 날짜		제목	주요내용	강사
1강	9.4(금) 15~17시	개강식 및 기록이란 무엇인가?	· 우리나라 기록관리의 발자취 · 기록의 중요성 · 공공기록과 민간기록의 의미 · 마을 아카이브 구축 사례	손동유 (아카이빙네트워크연구원 원
	9.11(금)		· 구술기록의 의미와 중요성 · 구술기록 완성도 높이는 방법	소영

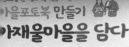

진으로 남기는 마을과 마을사람들의 사는 이야기
마을포토북 만들기
가재울마을을 담다

내용

기록관리(아카이빙)의 이해, 타지역 사례		손동유
마을자원과 공동체 기록의 중요성		손동유
우리마을에서 나에게 소중한것은 : 스토리텔링 이정미		
스마트폰 이해 및 마을촬영 관심 분야 정하기		김희천
마을촬영 후 마을의 새 모습 이야기 나누기		김희천
우리들네 포토뉴스 [포토북] 만들기		이정미

아카이빙 네트워크 연구원
지원을 받아 마을사랑 사무국
시민협회 사진협회 강사

접수

시	2020. 11. 17 ~ 12. 15 (화) 저녁 7시 ~ 9시
소	마을극장 나무 [장교개로 272, 해정빌딩 202호]
상	서구주민 15명 (가재울동 우선 접수)
청	가재울마을 재생형학습밴드 가입신청 및 전화신청 네이버이벤트 라이브밴드 @신청시나니
차인	가재울 마을재생형학습 [band.us/bkg/seuledu]

| 주관 | 수강무료 신청문의두 수강신청
인천광역시 서구청 |
| 주최 | 인천광역시 서구청
마을 프로그램은 누구나 참여히 함께여러 갑니다 |

가재울마을 도시재생 현장지원센터
인천 서구 장고개로 272
TEL. 032 577 0105

서대문구 마을기록 활동가
교육 안내

와!론

기초과정: 06. 21.(수)~08. 02.(수) 13:00~15:00
심화과정: 07. 05.(수)~08. 02.(수) 15:00~17:00

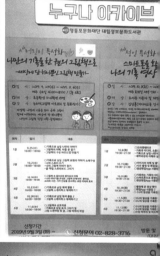

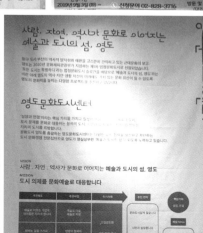

의의 전부인가? 앞만 보고 달려왔던 내 삶은 얼마나 달라졌는가? 나는 누구와 함께 살아가고 있는가? 내 이웃에는 누가 살고 있는가? 함께 좋은 세상 만들어 보자고 했던 그 함성의 의미는 무엇인가? 앞으로 어떤 세상에서 어떻게 살아야 하는 것인가?

그런 고민 중에 마을을 기억해 낸 것 같다. 그렇다. 우리에게 마을이 있었다. 각자 조금씩 다른 기억을 갖고 있기도 하겠지만, 대체로 마을은 정감어린 단어임에는 틀림없다. 가깝게 모여 사는 이웃 중에 부자도 있고 좀 가난한 집도 있고, 어느 집 아이는 공부를 잘하고 어느 집 아이는 공부엔 관심 없고, 간혹 이웃 간에 다투기도 하고 누군가 나서서 화해도 시키고, 나쁜 짓을 한 사람이 있으면 어른들이 나서서 꾸짖기도 하고, 집 밖에 나오면 누구랄 거 없이 먼저 본 사람이 인사 건네며 함께 살아가던 마을. 물론 아직도 전통적인 마을의 모습을 갖고 있는 농·산·어촌의 경우에는 혈연과 친분을 바탕으로 지내고 있고, 관과 협력하면서 지역의 행정기능도 일부 수행하고 있기도 하나, 인구 비중으로 하면 매우 적다. 우리나라 대부분의 청장년층은 도회지에서 살아가고 있는 게 현실이다. 이들이 마을을 되살리고자 하는 노력은 육아, 교육, 건강한 먹거리와 취미, 지역문제 해결 등의 현실 문제에 대한 실천적 고민과 별개가 아니다.

앞으로 어떻게 살아갈 것인가의 고민은 그렇게 정서적으로는 '마을', 실천적으로 '공동체' 즉 '마을 공동체'로 발현되었다. 그러하기에 마을 공동체는 단순히 마을의 복원이라거나 공동체성의 발현이라는 한 축으로만 접근할 성질이 아니다. 시민의 입장에서 한국

현대사에 대한 진지한 성찰을 통해 구한 미래를 여는 열쇠 중에 하나라고 생각한다.

'마을 공동체'라는 새로운 도전은 다양한 시행착오를 거치면서 발전해 오고 있다. 그 과정에서 함께 활동한 사람들이 자연스럽게 자신들의 삶, 관계, 활동을 기록으로 남기거나, 그 흔적을 담고 있는 기록을 스스로 모으고 간직하면서 관리하고자 하고 있다. 이는 공동체 삶을 추구해 온 스스로들의 모습이 소중하고, 대건하고, 때로는 남겨야 할 사회적 가치가 있다고 생각하기 때문이다.

이밖에도 기록에 관심 있고 이웃들과 건강한 동네를 만들며 살아가고자 하는 사람들이 하나둘씩 늘어나면서 '마을 기록 활동'이 전국의 여러 지역에서 다양한 양상으로 펼쳐지고 있다. 마을 공동체나 주민모임 스스로 기록 활동을 하기도 하고, 지자체 또는 지역 문화기관이 프로그램을 마련하여 운영하기도 한다. 이들의 활동 양상도 다양한데 주로 아카이빙 교육프로그램, 기록물 만들기, 기록물 수집, 구술 채록, 콘텐츠 제작, 디지털 아카이브 운영 등의 일들을 하고 있다.

이처럼 기록관리 관련법과 제도가 일구어 온 새로운 사회적 환경에서, 날로 진화하는 디지털 기법을 활용하여, 일상과 공동체의 중요성을 확인하면서 아카이빙은 사회 일반에 깊숙이 자리 잡아 나가고 있다.

기록은
기회를 제공한다

국어사전에서는 기록을 '주로 후일에 남길 목적으로 어떤 사실을 적음. 또는 그런 글'로 소개하고 있다. 그래서인지 기록 또는 아카이브를 뭔가 글로 써서 남기는 일로 생각하는 경향이 있다. 글로 쓴다는 것은 완성된 무언가를 만들어 낸다는 느낌이 있어서 무겁게 여기기도 하고, 디지털 환경에서는 잘 만들어진 이미지, 영상 등을 떠올리기도 한다. 또한, 기록이라는 단어가 주는 어감은 역사적인 내용을 담고 있는 엄숙한 느낌, 중요한 사건의 단서를 담고 있는 증거 같은 무거운 느낌을 준다. 꼭 그렇지는 않은데도 말이다.

실제로 보통사람의 일상이 항상 뭔가 중요한 일들이 생기고 무겁기만 한 것은 아니다. 일상 아카이브는 우리가 보통 겪는 그런 이야기에서 시작된다. 많은 초·중·고등학교 특히 대학교에서는 학교의 역사와 각종 정보를 기록한 책자를 발간하거나 학교 연혁을 정리해서 홈페이지 등을 통해 소개하고 있다. 이들 내용을 보면 주로 학교의 설립과 인가 관계, 학교 부지와 시설의 변화, 교장, 총장 등 역대 주요 인물, 교직원과 학생의 양적 변화 등에 대한 정보들로 채워져 있다. 하지만 우리가 학교 같이 다닌 친구들을 만나서 옛날이야기를 나눌 때 학교의 주요 연혁, 학교의 면적, 부지의 변화 같은 건별로 이야기 거리가 되지 않는다. 친구들과 함께 갔던 소풍, 수학여행, 아무개와 아무개가 싸움을 벌였다든지, 아무개가 아무개를 좋아했다든지, 학교마다 있었던 무서운 선생님, 소소한 일탈들이 우리에겐 더 재밌는 이야기들이다. 우리가 친구들과 나누는 추억이 학교의 기록으로 남지 않는 경우가 많다. 우리들의 관심사와 이야기가 담겨 있지 않은 학교의 '역사'는 과연 누구의 역사일까?

그런 우리들의 일상적인 기록은 글이나 문서로만 남는 게 아니다. 사진, 음성, 영상, 옷이나 신발, 각종 생활용품, 기념품 그리고 문화예술 창작물까지 매우 다양한 형태로 기록될 수 있다. 대중가요 중에도 그 시대를 살았던 평범하지만 생생한 일상을 잘 반영한 노래들이 있다. 또 하나의 기록이다. 1998년에 발표된 한스 밴드의 '오락실' 노랫말을 보자.

시험을 망쳤어 오 집에 가기 싫었어 열 받아서 오락실에 들어갔어
어머 이게 누구야 저 대머리 아저씨 내가 제일 사랑하는 우리아빠

장난이 아닌 걸 또 최고기록을 깼어 처음이란 아빠 말을 믿을 수가 없어
용돈을 주셨어 단 조건이 붙었어 엄마에게 말하지 말랬어
가끔 아빠도 회사에 가기 싫겠지 엄마 잔소리, 바가지, 돈타령 숨이 막혀
가슴이 아파 무거운 아빠의 얼굴 혹시 내 시험성적 아신 건 아닐까 (후략)

1997년 당시에 환란이라고까지 표현되었던 'IMF 외환위기' 사태를 맞은 우리 사회와 한 가정의 모습을 어린 학생의 순진무구한 시선으로 풀어냈는데(최준영 작사) 살짝 웃음도 나지만 가슴 한 곳이 찡하게 아려오기도 한다.

장기하의 2008년 발표곡 '싸구려 커피'라는 노래도 있다. 쉽게 따라 부를 수 있을 것 같은 멜로디지만 장기하만의 독특한 엇박자 랩까지 따라하려면 쉽지만은 않지만 참 푸근한 느낌의 좋은 노래다. 그런데 귀를 열고 가사를 들어보면 그냥 좋다고만은 할 수 없는 울림이 있다. 쿨럭대면서 일어나 눅눅한 이불을 개고 바퀴벌레 지나가는 비닐 장판을 쩍쩍 딛고 문을 끼익 열고 나가보니 하늘은 구름 가득 내려앉아 숨쉬기도 어렵게 짓누른다. 청년의 하루는 그렇게 시작하고 있다. 예술가는 '청년 실업'이 사회적으로 대두되던 시기 허름한 자취방에서 시작하는 한 청년의 하루를 해학적으로 노래한다.

기록은 관공서의 보존서고에만 있는 게 아니다. 가정의 장롱, 책상 서랍, 주방의 수납장, 컴퓨터와 휴대전화 그리고 길거리에도 기록은 있을 수 있다. 일상 속에서 사람들과 공유할 가치를 발굴하고

그것을 기록으로 남기는 일이 아카이빙의 시작이다. 그러기 위해서는 사람과 세상에 대한 호기심, 함께 살아가는 동시대 사람들과의 관계에 대한 믿음이 필요하다.

〈이삭 줍는 여인들〉
출처 : 위키백과 https://ko.wikipedia.org/wiki/이삭줍는여인들 (2023.12.05)

누구나 한번쯤은 봤을 명화 밀레의 〈이삭 줍는 여인들〉이다. 한눈에 보면 세 명의 이삭을 줍는 사람이 보인다. 그림을 서서히 확대해보면 멀리 짚단 쌓아둔 것처럼 희끄무레하게 배경으로 보이던 것들이 이삭을 줍고 있는 또 다른 많은 사람들이라는 것을 알게 된다. 아래는 제일 많이 확대한 그림의 일부이다.

〈이삭 줍는 여인들〉 가운데 위쪽 확대

출처 : 위키백과 https://ko.wikipedia.org/wiki/이삭줍는여인들 (2023.12.05)

확대한 부분만으로도 하나의 새로운 작품이라고 할 수 있을 만한, 작품 안의 새로운 내용을 발견할 수 있다. 호기심을 갖고 깊이 있게 사물을 들여다보면 안 보이던 것이 보인다. 사람과 세상도 마찬가지다. 새로운 것이 보이면 이전에 이해하고 있던 것과는 다른 새롭고 깊은 이해가 생긴다. 사람 관계에서도 이전과는 달리 새롭게 이해하게 부분이 생기면 관계도 새로워진다.

요즘 반려동물과 함께 지내는 경우가 늘어나면서 이런저런 내용으로 사회적 이슈도 되기도 하고, TV프로그램의 소재로도 많이 활용되고 있다. 자연스럽게 반려동물을 자주 접하게 된다. 하지만 누구에게는 반려동물일 수 있지만, 누구에게는 아주 무섭거나 징그러운 대상일 수도 있다. 순대라는 음식도 어떤 사람은 초장을 찍어 먹고, 또 어떤 사람은 양념소금이나 막장을 찍어서 먹고, 또 다른 어떤 사람은 순대를 싫어하기도 한다. 맞고 틀리고의 문제가 아니다. 그저 다를 뿐이다.

나와 다른 생각과 행동을 이상하다거나 틀렸다고 생각하기 쉽다. 함부로 비난하거나 흉보기도 쉽다. 하지만 사람들은 누구나 자신의 출신 지역, 직업, 학력, 재산, 성별, 사회경험, 건강, 인종, 종교, 나이 등에 따라 다양한 생각과 행동을 하기 마련이다. 다양성이 차별적 요소로 작용하거나 갈등을 만드는 도구로 이용된다면 세상은 불만 투성이고 모두가 아주 불행해질 것이다.

두 해 연속 기상청 체육대회 날 비가 왔다고 웃음거리가 된 적이 있다. 기상청이 얼마나 무능하면 비가 오는 날 체육대회를 하느냐는 것이다. 세간에 화제가 되다보니까 일간지에 기사가 실리기도 했다. 기사에 담긴 기상청의 설명을 들어보면 마냥 비웃을 수만은 없다. 한 기관이 행사를 하려면 오래전부터 미리 계획하고 일정을 잡아두는데, 하필 그날 비가 온다는 예보가 있어서 날짜를 급히 바꾸었는데도 새로 정한 날도 비가 왔다는 것이다. 사정을 들여다보면 안타깝기까지 하다. 하기야 기상청이 날씨를 예보하는 기관이지, 오는 비를 못 내리게 하는 기관은 아니지 않는가?

우리는 눈에 보이는 결과나 현상만을 보고 쉽게 속단하고 평가하는 실수를 종종 한다. 그런 실수로 오해를 하게 되서 누군가를 미워하거나, 갈등과 분쟁으로 이어지기도 한다. 조금만 생각을 더 해보

경향신문 1994년 5월 5일자 기사
출처 : 네이버 뉴스라이브러리

고, 여유를 갖고 상황을 파악하면 더 신중하게 생각할 수 있는 것들인데도 말이다.

　기록은 우리에게 그 기회를 제공해 준다. 기록물 그 자체뿐만 아니라 기록에 담긴 맥락을 통해서 그 기록을 만들어 낸 사람들의 생각, 사정, 지향 등을 들여다 볼 수 있다. 기록을 통한 소통은 지역, 직업, 학력, 재산, 성별, 계층, 종교, 나이 등의 차이로 인해 생기는 다양한 삶의 모습을 이해할 수 있게 해 준다. 이해의 폭이 넓어진다는 건 불필요한 오해가 줄어든다는 의미이다. 오해가 줄어들면 인정과 배려가 늘어나게 된다. 서로 인정하고 배려하는 사회라면 대립과 분쟁은 줄어들 것이다. 일상 아카이브를 통해 그런 세상을 만들어 가는 것을 꿈꾼다.

아카이브의 가치

　강조하건데, 아카이브(archives)라는 단어의 사전적 의미는 역사적 가치 또는 영구 보존의 가치를 지닌 영구기록물이다. 그리고 그런 가치를 지닌 기록물을 보존하고 관리하면서 서비스하는 기관, 장소도 아카이브로 일컫는다. 예를 들어 우리나라의 국가기관인 '국가기록원'의 경우, 영문으로 'National Archives of Korea'로 표기하며, 'National Archives'라는 표현은 다른 나라의 국가적 기록관리 기구의 영문 표기에서도 흔히 확인할 수 있다. 그 아카이브들에는 아카이브가 보존되고 있다.

　기록을 일컫는 다른 표현으로 '레코드(record)'가 있다. 업무기록 또는 행정기록이라고 표현할 수 있다. 일하는 과정에서 만들어진 기록들이다. 이들 업무기록은 모두 영구보존할 필요는 없다. 중요성과 필요도 등에 따라 활용되고 다뤄지다가 더 이상 보존가치가 없어지면 폐기하고, 오랜 동안 보존가치가 인정되는 기록물은 영구적으로 보존한다. 즉 레코드로 생산되었다가 기능을 다하고 폐기되는 기록도 있고, 아카이브로 성격이 변하는 기록도 있다.

우리나라는 공공기관에서 일하는 과정에서 생산되는 기록들을 공공기록물법에 의해 일곱 단계의 보존기간을 두고 관리하고 있는데, 그 단계는 1년, 3년, 5년, 10년, 30년, 준영구, 영구이다. 보존기간이 경과되었다고 해서 바로 폐기하는 것은 아니다. 보존기간이 경과된 기록물은 각 기관의 기록관리 담당 전문가들의 검토 후 폐기 가능한 것으로 결정되면 기록 폐기를 위한 심의회의를 열어 최종 검토 이후 폐기하거나, 필요에 따라 폐기보류 혹은 보존연한 재책정 등의 조치를 취한다. 공공기관의 기록물은 그 누구도 임의로 기록물을 자의적으로 폐기할 수 없다.

그렇다면 한 사회의 아카이브는 공공기관의 업무기록 중 영구보존 가치 있는 기록으로 선별된 것만을 의미하는가? 그렇지 않다. 우리들의 일상 속에서 흔히 볼 수 있는 평범한 사물들도 아카이브가 될 수 있다. 박물관에 가면 흔히 과거 사람들이 사용했던 생활용품들(수저, 식기, 농기구, 의복, 장신구, 악기 등)이 전시되는 것을 보게 된다. 당대에는 별거 아닌 것들이었을지 모르지만 후대 사람들이 볼 때 가치가 있다고 생각해서 보존하고 전시하는 것이니 아카이브라고 할 수 있다. 넓게 보자면 문화유산, 문화재, 기록유산 등도 아카이브라고 할 수 있다.

집집마다 가족이나 돌아가신 부모님과 관련된 중요한 물품들을 버리지 않고 어딘가에 보관하고 가끔 꺼내 보면서 추억하는 것이 있다면 그것도 충분히 아카이브라고 할 수 있다. 처음부터 아카이브 성격을 띠고 만들어지는 것도 있고, 만들어진 뒤에 아카이브로 되는 것도 있다. 중요한 점은 가치이다. 그렇다면 가치를 정하는 기준은 무엇인가? 일반적으로 공공기관에서 기록의 가치를 선별할 때는 역사적 가치, 법적 가치, 행정적 가치, 정보적 가치, 재정적 가치 등 기관의 정체성과 목적에 부합하는 가치를 기준으로 기록을 평가한다.

ARCHIVES

문서, 사진, 동영상, 포스터, 일기, 가계부, 액자, 책자, 기념품, 의복, 신발, 생활용품, 작업도구 등

아카이빙 주체들이 중요하다 생각하는 가치를 기준으로 아카이브 선별

행정(업무)기록

조직이나 단체의 업무 과정에서 생산되는 기록으로서 관리자가 보존기간이 지나면 절차에 따라 폐기하고, 가치 있는 것만 남겨서 영구보존

역사적, 법적, 행정적 가치 등 마련된 기준에 의해 아카이브로 선별

일상 기록

보통 사람들의 생활, 관계, 활동 등의 과정에서 생산되는 기록으로서 관리 주체가 다양할 수 있음

하지만 모든 아카이브가 공공기관의 가치기준을 그대로 적용할 필요는 없다. 물론 기업, NGO/NPO, 정당, 단체나 조직 등에서 업무 수행 과정의 기록을 관리하고자 하는 경우에는 공공기관의 기록관리 절차와 가치기준을 참고하면 도움이 될 것이다. 그러나 인물, 주제, 사건, 지역, 공동체, 개인의 일상 등에 대하여 자유롭게 아카이브를 만들고자 할 때는 업무기록보다는 각 아카이브가 추구하는 가치와 지향을 담은 기록에 비중을 두기 때문에 저마다의 가치기준을 세워 나가는 일이 필요하다.

한 지역에서 주민들이 주체가 되어 그 지역 생활사 아카이브를 만들고자 한다면, 그 지역에서 대를 이어 오래 거주한 가구, 주민생활에 영향을 미친 사건이나 공간, 주민들이 함께했던 행사나 행위 등을 가치를 선별하는 기준으로 삼을 수 있다. 가치기준은 아카이브를 만들고 운영하는 주체가 정하는 것이다.

아무리 가까운 우방이라고 해도, 다른 나라 사람들이 우리나라 기록의 가치에 대해서 왈가왈부할 수 없다. 서울특별시 서대문구 주민들, 부산광역시 영도구 주민들 그리고 강원도 철원군 주민들이 공통적으로 가치 있게 생각하는 기록도 있지만, 지역마다 중요하다고 생각되는 가치는 얼마든지 서로 다를 수 있다. 가족 간에도 개인적으로 중요한 삶의 지향과 가치가 서로 다를 수 있다. 그렇지만 우리는 한 나라, 한 가족의 구성원으로 함께 잘 살아가고 있지 않은가. 서로의 생각과 행동양식이 어떤 부분에서는 다를 수 있음을 인정하고, 다른 이들이 중요하게 생각하는 가치를 존중하는 것은 일상에서도 매우 중요하다. 아카이브에서도 마찬가지다.

그러기 위해서는 아카이브에 참여하는 사람들끼리 많은 대화를 나눠야 한다. 우리는 어떻게 살아왔는가? 어떻게 살고 있는가? 앞으로 어떻게 살아가고자 하는가? 의미 있는 삶이란 무엇인가? 서로 많은 대화를 나누면서 만들고자 하는 아카이브에서 다룰 가치기준을 정하고 대상 기록의 범주를 정해 나가야 한다. 이런 대화에서 누구의 의견이 맞고, 누구의 의견은 틀리다는 식의 판단은 곤란하다. 서로의 생각을 그 이유까지 충분히 나누는 가운데 공통의 의견을 모아가면 좋겠다. 설령 누구의 의견이 채택되지 않았다 하더라도 그건 틀려서가 아니다. 하찮아서도 아니다. 중요도와 시급성 등의 기준에서 다소 뒤 순서를 차지할 뿐, 언젠가는 다시 의논할 잠재적 가치인 것이다.

내용, 구조
그리고 맥락

아카이빙란 기록물을 획득하고, 원활하게 사용할 수 있도록 관리하고, 훼손되지 않도록 보존하며, 다양하게 활용하는 일련의 행위를 포괄하는 단어다.

아카이브에서 지향하는 가치를 담아 새롭게 기록을 만들거나 혹은 기존에 존재하는 기록을 수집, 이관해서 모으는 것은 아카이브의 생명력을 확보하는 일이다.

모은 기록은 필요할 때 쉽고 편하게 활용할 수 있도록 정리, 분류해 놓아야 한다. 정리란 기록의 형태나 성질에 따라 물리적으로 배열하는 것이고, 분류란 논리적 연관성에 따라 배열하는 것이다. 사람들이 어떤 기록을 찾을 때에는 보통 형태적으로 접근하거나, 내용

적으로 접근하기도 하며 복합적으로 접근하기도 하는 경우도 있기 때문에 어떤 식으로 접근해도 기록물을 잘 찾을 수 있도록 정리와 분류를 하는 것이다. 그리고 아카이브는 기록을 잃어 버려도 안 되고, 기록이 훼손되거나 변형되어서도 안 된다. 오랫동안 안전하게 보존하는 것이 아카이브의 중요한 임무이다.

아카이브는 기록을 제공하고, 이용자는 기록을 활용한다. 아카이브에서 기록을 확보할 때는 적극적으로 해야겠지만 다중에게 제공할 때는 신중하게 해야 한다. 확보한 기록의 내용 중에는 지금 바로 공개하면 누군가에게 피해를 입히게 되는 경우도 있기 때문이다. 소장 기록을 공개해야 할지 말아야 할지 매번 새롭게 판단할 것이 아니라 일관된 원칙과 기준을 마련하는 게 필요하다. 이 같은 과정을 거쳐 기록 자체를 열람하기도 하고 전시, 책자, 영상 제작 등에 활용하기도 하고, 예술활동이나 IT기술을 접목하여 새로운 콘텐츠로 가공되기도 한다. 아카이브 관리자든 외부 이용자든 기록을 이용할 때에는 기록자체를 활용하기도 하지만, 연관성 있는 맥락을 지닌 여러 기록들을 사용하여 새로운 기록을 만들어 내기도 한다.

아카이빙은 단순히 기록을 한곳에 모아놓는 것만이 다가 아니다. 체계적인 기록관리 절차와 방법 그리고 환경을 마련하는 일이며 소장 기록을 원활하게 사용할 수 있도록 하는 일련의 행위를 의미한다. 그런데 아카이브에서는 무엇이든 기록이 될 수 있지만, 아무것이나 기록이 될 수는 없다. 기록이 기록답기 위해서는 반드시 갖추어야 할 것들이 있다. 기록의 3요소라고도 표현한다.

아카이브로 간주되어 관리하는 기록은 내용(content), 구조(structure), 맥락(context)으로 구성된다. 내용이란 기록에 담긴 문자, 숫자, 이미지, 소리 등의 정보를 말한다. 기록에 담긴 메시지이다. 구조란 기록의 내용을 눈에 보이고, 이해할 수 있게 하는 형태적 양식이다. 문서, 사진, 영상파일 등을 말한다. 맥락은 기록이 만들어지고 존재해 온 환경과 정황을 포함하여 해당 기록의 의미를 이해하는 데 도움이 될 만한 배경정보 등을 뜻한다. 예컨대 좋은 사람과의 추억, 의미 있는 활동, 중요한 회의 같은 장면이 담긴 사진이라고 해도 위의 요소들을 갖추지 못하면 조금만 시간이 흘러도 그 내용을 파악할 수 없어 무용지물이 되고 만다.

맥락을 축적하는 일은 기록을 풍성한 이야기로 채워주는 일이다. 물론 아카이빙 과정에서 기록을 언제든 재현 가능하도록 원상태와 원질서를 확보하고 원래의 형태를 유지하는 것은 매우 중요하다. 그런데 기록의 진정한 가치는 그것이 품고 있는 내용과 맥락에서 드러난다. 그 내용과 맥락은 한눈에 보아도 알 수 있게 저절로 드러나기도 하지만, 기록을 다루는 과정에서 세심하게 살피면 더욱 풍부한 내용을 확보할 수 있다. 기록의 내용과 맥락을 살핀다는 것은 곧 사람의 흔적으로서 기록이 어떠한 배경에서 어떠한 방식으로 만들어지고, 어떻게 사람간의 관계에 역할을 하다가 지금 여기에 존재하는가를 살피는 일이다. 즉 기록을 통해 사람과 사람 관계와 관련 상황 등을 들여다보는 행위다. 우리가 어떻게 희로애락을 겪고 살았는지, 그 과정에서 얻은 교훈은 무엇인지, 현재에 나타난 의미는 무엇인지, 우리의 미래는 어떻게 설정되어야 하는 것인지 고민하는 과정이기도 하다. 그렇기 때문에 아카이빙은 한 시대의 문화자원을 획득하는 일이고, 지식정보를 모아 사회적 자산을 축적하고, 삶의 흔적을 재료로 건강한 미래를 설계하는 생산적인 작업이다.

단, 기록을 장기적으로 보존하기 위한 공간과 방법을 마련하는 것은 쉽지 않다. 실물기록의 경우에도 물리적, 생물학적, 화학적으로 안전하게 처리되어야 하고, 디지털 기록의 경우에도 아무나 함부로 접근해서 문제를 일으키지 않게 안전하게 보존되어야 한다. 또한 적절한 공간도 필요하다. 검증된 방법, 신뢰할 수 있는 도구와 시설, 필수 재원 등을 마련해야만 한다. 이런 점에서 민간에서 자발적으로 운영하는 아카이브는 상대적으로 공공영역의 아카이브에 비해 어려움이 크다. 그러나 민간영역에서는 효율성과 다양성이라는 장점을 공공영역에서는 전문성과 물리력이라는 장점을 협력관계를 갖고 서로 나눌 수 있다면 이상적인 아카이빙 환경을 열어나갈 수 있을 것이다.

기록은 무조건
공개해야 하는가

아카이브에서 소장하고 있는 기록이라고 해서 모든 기록을 무조
건 다 공개할 수 있는 것은 아니다. 사정에 따라 기록에 담긴 내용
전체 또는 일부만 공개하다가 공개하기 어려운 상황이 해소되면 그
때 공개하는 기록도 있을 수 있다. 공공기록물관리법에서는 이런
기록을 비공개기록, 비밀기록 등으로 부른다. 이 둘은 언뜻 비슷한
표현처럼 보이지만 큰 차이가 있다. 비공개기록의 경우, 특정한 기
록이 만들어졌으며 관리되고 있다는 것을 알 수 있으나 그 내용을
공개하지 않는 것이다. 이 경우에는 기록 내용 전체를 비공개하기
도 하고, 특정 부분만 비공개하기도 한다.

비공개기록의 기준은 국방 등 국익침해, 국민의 생명 등 공익침

해, 재판관련 정보, 공정한 업무수행에 지장을 주는 경우, 개인 사생활 침해, 법인 등 영업상 비밀침해 등의 내용을 담고 있는 공공기관의 정보공개에 관한 법률 내용을 적용한다. 한편, 비밀기록은 성격이 전혀 다르다. 공공기록물관리법에서 비밀이라고 하는 것은 그 내용이 누설될 경우 국가안전보장에 해를 끼칠 우려가 있는 국가기밀을 말하는 것으로서 최초의 생산과정부터 비밀이다. 그리고 보안업무규정이 적용되며 비밀취급인가를 받은 자만 다룰 수 있다.

대통령 기록물 관리에 관한 법률에는 '지정기록'이라는 것도 있다. 법령에 따른 군사 · 외교 · 통일에 관한 비밀기록물로서 공개될 경우 국가안전보장에 중대한 위험을 초래할 수 있는 기록물, 대내외 경제정책이나 무역거래 및 재정에 관한 기록물로서 공개될 경우 국민경제의 안정을 저해할 수 있는 기록물, 정무직공무원 등의 인사에 관한 기록물, 개인의 사생활에 관한 기록물로서 공개될 경우 개인 및 관계인의 생명 · 신체 · 재산 및 명예에 침해가 발생할 우려가 있는 기록물, 대통령과 대통령의 보좌기관 및 자문기관 사이, 대통령의 보좌기관과 자문기관 사이, 대통령의 보좌기관 사이 또는 대통령의 자문기관 사이에 생산된 의사소통기록물로서 공개가 부적절한 기록물, 대통령의 정치적 견해나 입장을 표현한 기록물로서 공개될 경우 정치적 혼란을 불러일으킬 우려가 있는 기록물 등에 대하여 열람, 사본제작 등을 허용하지 않거나 자료제출의 요구에 응하지 않을 수 있도록 하고 있다. 이러한 내용은 공공기록물관리법과는 별도로 제정되어 시행되고 있는 대통령 기록물 관리에 관한 법률로 정하고 있다.

이처럼 기록물은 누구나 원활하게 이용하고, 기록이 품고 있는 가치를 공유하는 것이 아카이브의 기본목적이지만, 경우에 따라 기록이 보호되어야만 하는 경우도 있다. 기록물을 보호한다기보다는 사람을 보호한다는 것이 더 맞는 것 같다. 누구라도 아카이브로 인해 피해나 고통을 입게 된다면 그것은 아카이브의 본질에 어긋나는 일이다. 아카이브는 기록을 다루는 일이지만 결국 사람의 일인 것이다. 일상 아카이브를 운영할 때에도 이런 점을 참고해서 누군가에게 돌아갈지 모르는 피해를 줄이고, 되도록 많은 사람들에게 이로운 아카이브를 만들어 가는 노력이 필요하다.

다양한
기록관리 분야

아카이브 관련 학문을 기록관리학, 기록학, 기록정보학 등으로 명명하고 있다. 우리나라는 20여 개 대학에서 학부 및 대학원 과정을 두고 있다. 입학하면 기록과 기록관리에 대하여 공부하고 기록 전문가로 양성된다. 졸업 후 공공기관 또는 기록관리 전문가를 필요로 하는 기업이나 문화기관, 단체 등으로 진출한다.

공공기록물관리법에서는 공공기관은 반드시 '기록물관리 전문요원'을 배치하도록 정하고 있다. 기록물관리 전문요원이 되려면 기록학을 전공으로 석사학위 이상을 취득하거나, 기록학·역사학·문헌정보학 학사학위 이상을 취득한 후 행정안전부령으로 정하는 기록관리학 교육과정을 이수하고, 기록물관리 전문요원 시험에 합격

해야 한다.

　기록학에서는 개론을 비롯하여 관련법과 제도, 역사, 기록관리 절차와 방법론(수집, 정리, 분류, 기술, 평가, 서비스 등), 기록관 경영, 디지털 기록관리 등을 공부한다. 실제로 기록관리 현장에서는 역사학, 법학, 행정학, 경영학, 건축학, 화학, 생물학, 물리학, 보존과학, 컴퓨터공학 및 예술에 대한 이해가 필요하다. 그런 이유로 복합학으로 분류되기도 한다. 우리나라에 기록학이 시작되던 시기에는 주로 역사학과 문헌정보학 전공자들이 많이 참여했으나, 시간이 흐르면서 다양한 분야에서 기록학에 참여하고 있다.

　예를 들어 오래된 문서가 있는데, 잘 관리되지 못해서 심하게 훼손되었다고 하자. 원상태에 가깝게 실물을 복원해서 관리할 것인지, 디지털화하여 파일형태로 관리할 것인지, 아니면 중요한 기록이 아니라고 판단되니 그대로 둘 것인지 등을 결정하고 그에 따른 조치를 취해야 할 것이다. 결정을 위해서는 기록의 가치, 훼손 원인과 정도, 복원 또는 디지털화에 대한 기술력과 비용 등을 종합적으로 분석하고 판단해야 하는데 어느 한 분야의 식견만으로는 어렵다. 여러 분야의 협력을 통해 가능하다.

　기록학으로 들어가는 문은 열려 있다. 다만 전문가로 성장하려면 다양한 분야에 대하여 사고하고 학습하고 실천하는 과정이 반드시 필요하다. 사회진출 경로는 천천히 확대되고 있다. 공공기관의 기록물관리 전문요원의 길 뿐만 아니라, 기업, 사회단체, 문화원·문화재단, IT분야 기관, 박물관, 미술관 등 기록전문가(아키비스트)를 필요로 하는 곳이 늘어나고 있다.

사단법인 한국기록전문가협회는 지난 2010년 11월 '기록관리 분야의 교육과 연구, 교류 · 협력과 소통, 기록전문가의 권익보호, 직업윤리의 신장을 통하여 기록관리의 전문성을 확립하고 기록의 가치를 수호함으로써 기록문화의 발전, 민주주의와 공공의 이익에 기여하는 것을 목적'으로 설립한 단체이다. 이 단체의 홈페이지에서 기록전문가 채용공고를 취합하여 게시하는데 다양한 기관에서 꾸준히 사람을 필요로 하는 것을 알 수 있다.

사단법인 한국기록전문가협회 홈페이지
(https://www.archivists.or.kr)에 게시된 채용공고 (2023.12.28.)

이와 같이 제도 교육현장에서 전문가로 양성되어 직업적으로 종사하는 경우가 아니라도 아카이빙에 관심이 있거나 스스로 아카이빙 활동을 하고자 한다면, 지자체, 문화원·문화재단, 도서관 등에서 운영하는 아카이빙 교육프로그램에 참여해서 기본적인 내용을 배우는 방법도 있다.

한편, 관련 산업계도 점차 활발해지고 있다. 실물기록을 디지털 기록으로 전환하는 일, 디지털환경에서 기록물을 안전하게 관리 보존하는 일, 기록관리를 위한 도구를 개발·생산·판매하는 일, 아카이빙 교육 및 컨설팅 등을 수행하는 기업들이 활동하고 있다. 물론 산업분야에서도 기록학을 전공한 사람들이 일하는 것이 수월하겠지만, 반드시 기록학 전공자만 일할 수 있는 것은 아니다. 오히려 아카이빙 관련 기업 종사자들이 업무 현장에서 필요를 느껴 진학하는 경우가 종종 있다.

기록관련 법과 학문이 시작된 지 20여 년이 지나면서 학계와 산업계가 양적으로 성장한 것은 틀림없다. 시민사회 영역에서 관심이 늘어나고 있는 것도 사실이다. 비로소 우리 사회에 기록관리라는 한 분야가 형성되는 것 같다. 도전할 경로도 넓어지고 있으니, 관심 있는 분들이라면 현재의 상황에 맞게 참여할 경로를 모색해 보면 좋겠다.

02

일상의 소중함을 기록으로

일상 기록의 의미

일상의 기록이란 무엇인가? 일상을 살아가는 보통사람들이 일상에서 만들고, 접하고, 모을 수 있는 기록이다. 한 사람이 보통의 하루를 지내는 이야기, 태어나서 성장하고 살아온 이야기, 직업에 대한 이야기, 가족에 관한 이야기, 감동적이고 기뻤던 이야기, 눈물 나게 슬픈 기억, 병이나 사고로 괴로웠던 이야기, 여가와 문화를 즐기는 이야기, 사회활동이나 동호회에 참여했던 이야기, 자신의 삶에 큰 영향을 미친 사람이나 사건 등의 이야기 등 자신과 자신 주변의 이야기를 담은 기록들을 일상기록이라고 할 수 있다. 어딘가에 적어둔 메모, 휴대폰에 담겨 있는 사진이나 영상, 손으로 적은 일기나 탁상용 달력, SNS 포스팅, 누군가에게 받은 선물, 우편물, 통지서,

팸플릿이나 전단지, 증명서, 옷이나 신발, 생활용품이나 도구 어떤 형태이든 가능하다.

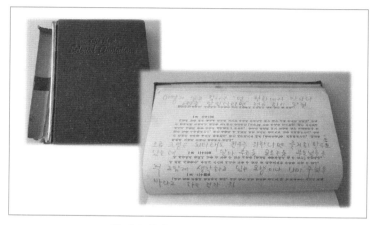

2018년 7월에 돌아가신 아버지의 일기장

몇 해 전 나의 아버지가 돌아가셨다. 1939년 생 아버지는 황해도 옹진 출신으로 전쟁 통에 어른들 따라서 피난 내려와 인천에 정착했다. 1942년 평안북도 정주에서 나서 비슷한 연유로 남쪽으로 내려온 어머니의 가족도 인천에 정착했다. 어머니와 아버지는 인천에서 만나서 결혼하게 되었고, 아들 둘을 낳아 키웠다. 그리고는 아버지가 먼저 세상을 떠나신 것이다. 아버지가 쓰시던 방에는 유품이라고 할 것도 없이 몇 벌의 옷가지와 생활용품 그리고 몇 권의 책이 남아 있었다.

화려한 천으로 싸인 양장본이지만 너무 오래되어 책등이 떨어져

덜렁거린다. 본문도 작은 글씨의 세로쓰기로 되어 있어서 읽기 불편하고 책으로서의 수명은 다한 것 같다. 버릴까도 생각하다가 열어봤더니 책 여백에 가로방향으로 연필글씨가 빼곡하게 담겨 있다. 자세히 보니 아버지의 일기였다. 1960년대 중반 군에서 갓 제대한 청년의 눈으로 그다지 희망이 보이지 않는 세상 이야기, 병상에 있는 친구 이야기, 연애 중이던 어머니를 그리워하는 이야기들이 담겨 있었다. 이제 저 책은 더 이상 책이 아니다. 적어도 우리 가족에게는 아버지의 일기로 남게 되었다. 평소에도 말수가 많지 않고, 약주나 한잔 하셔야 속에 담아 두었던 이야기를 하곤 했던 아버지의 못다 한 말씀을 일기로 대신해 주시는 것 같다.

결혼할 때 아내의 이삿짐에 망원경이 있었다. 아버지에게 옛날에 선물 받았는데 쓸 일은 없지만 버릴 마음은 없어서 가져왔다고 했다. 가죽 껍데기가 낡아서 삭아 부스러기가 나올 정도라 쓰지 않고 그냥 두고 있다. 나중에 사진첩을 보는데, 그 망원경을 들고 뭔가를 쳐다보는 아이의 사진, 멀리 보이는 중년 신사의 뒷모습이 담긴 사진이 나왔다. 망원경을 든 아이가 본인인데, 아마도 이천 외갓집에 갔을 때 망원경 갖고 노는 걸 오빠가 찍은 것 같다고 했다. 뒷모습의 신사는 아버지 같은데, 마치 망원경으로 아버지가 어디 가는 걸 보는 거 같다며 재밌어 했다.

아내는 평소에 잘 쓰지도 않는 망원경과 오래된 사진 몇 장으로 학교도 들어가기 전인 40여 년 전을 떠올리면서, 결혼 전에 돌아가신 아버지와 외국에 사는 오빠 그리고 외갓집과 친척들에 대한 기억을 회상한다. 아내에게 망원경은 낡아서 사용하지 못하는 망원경으로 치부할 수만은 없다. 아버지, 가족, 친척 그리고 어린 시절을 기억하게 하는 소중한 도구이자 기록이다.

이 사진을 보면 어릴 적 등하굣길에 타고 다녔던 시내버스 풍경이 떠오른다. 저렇게 손님 떨어지지 않게 안내양이 매달린 채 버스는 출발한다. 조금 가다가 기사가 핸들을 왼쪽으로 급하게 꺾으면 사람들이 밀려들어가고 그제서야 안내양은 버스 문을 닫을 수 있다.

어린 시절 한때 콩나물시루라고 부르던 만원버스를 타고 등하교했던 경험이 있다. 사람들 사이에 끼어 어른들 등에 코 박고 땀 냄새 맡아가며 다녔던 기억이 난다. 지각하게 생겼는데 버스가 언제 올지 몰라 차도까지 내려가 오는 방향을 쳐다보면서 기다리던 사람들, 이리저리 밀리다 도시락 김치통이 열려 한바탕 소동이 벌어지고, 회수권 10장 붙어 있는 걸 가위로 11장으로 잘라내 자체 할인하려다가 눈치 챈 안내양 누나한테 뒷덜미 잡혀 혼나는 녀석들. 그저 국민

승객이 넘치는 만원버스와 안내양

출처 : 동아일보 https://www.donga.com/news/article/all/20061027/8366540/1

학생 철없던 어린이로서의 기억들이다.

국립여성사전시관에서는 예전에 버스 안내양을 하셨던 분의 구술 자료를 서비스하고 있다. (〈여성과 노동〉 "오라이"에 담긴 생존과 노동의 아픔-1960년대 버스 안내양, 김용자 님) 통행금지가 있던 시절 새벽 첫차부터 마지막 배차까지 중간에 종점에 들어오면 받은 차비만 사무실에 내려놓고 쉬는 시간 없이 바로 버스에 올라 하루 종일 일했던 날도 있었다고 한다. 그런데 왜 그들은 만원버스에 매달려서 출발하는 아찔한 근무환경에 기숙사라는 곳은 여러 명이 빼곡하게 모로 누워 칼잠 자야 하는 방에서 지내는 이 일을 하러 도시로 왔던 것일까?

국립여성사전시관 http://eherstory.mogef.go.kr 구술 영상기록 캡쳐

이른바 산업화 시기 대부분의 사람들은 국가가 하라는 대로 자기 자리에서 그야말로 '열심히' 최선을 다했다. 그러면서 어떻게든 자녀들을 학교에 보내서 자신들보다 나은 삶을 살게 하고자 했다. 허리띠 졸라매고 아끼고 아꼈지만 모든 자녀를 학교에 보낼 만큼 형편이 되지 못했다. 하는 수 없이 아들부터, 맏이부터 학교에 보낼 수밖에 없었다. 진학의 기회를 갖지 못한 어린 여성들은 직업을 구하러 도시로 향했다. 배우지 못하고 나이 어린 여성이 일할 수 있는 곳은 그리 많지 않았다. 대규모 공장의 생산직 노동자는 그들에게 선망의 대상이었다. 공장에서 바로 일자리를 얻지 못한 이들은 당장 무슨 일이라도 해서 가계에 보태야 하는 사정이기 때문에 안내양이든 뭐든 돈을 벌어야만 했다.

국립여성사전시관 구술 기록 중 1970년대 여성 노동자의 삶을 회고한 최순영 님(전 YH무역 노조활동, 제17대 국회의원)은 '빵계'를 소개한다. 야근을 하는 날이면 공장에서 야식으로 빵을 하나씩 줬다고 한다. 어느 날 친구가 그 빵으로 계를 해서 몰아주자고 제안했다. 한 사람이 많이 먹기 위해서가 아니라 고향에 있는 동생들에게 보내주고 싶은 거였다. 모았다가 보내주면 상할 수도 있으니 일단 누군가에게 몰아줘서 차례대로 보낼 수 있게 하자는 거다. 끼니로 나온 빵 하나를 마음껏 먹지 못하고 가족을 생각하던 그 마음, 그 시절 우리네 누이들의 이야기다.

그러던 1980년대 어느 때 버스 안내양들이 갑자기 사라졌다. 그들로선 직업이 없어진 것이다. 승객들의 차비를 직접 받았던 안내

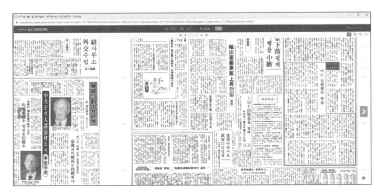

동아일보 1977년 9월 7일자 '어느 여차장의 죽음' 기사는 서울에서 근무하던 버스안내양이 과로로 버스가 달리는 동안 졸다가 승강구 문이 열리는 바람에 떨어져서 뇌진탕으로 숨지게 된 안타까운 사건을 다루었다. 어려운 가정형편을 돕는 대부분의 안내양들 상황, 열악한 노동환경, 승객들의 거친 태도 등을 지적하면서 사회적 구조적 대안 마련을 요구하고 했으나 이후로도 크게 달라진 것 없었다.

출처 : 네이버 뉴스라이브러리

동아일보 1981년 4월 8일자 '삥땅 안내양 7명 입건' 기사는 시내버스 요금을 회사에 입금하지 않고 빼돌린 안내양 7명을 회사 측의 고발에 따라 업무상 횡령혐의로 불구속 입건한 사건을 다뤘다. 횡령을 옹호할 수는 없지만, 열악한 노동환경과 박봉에 시달렸던 안내양들은 대부분 10대 후반, 20대 초반 나이의 어린 여성들이었다. 이들 중 일부의 일탈을 두고 안내양 전체를 매도하려고 하거나, 사회, 구조적 책임을 외면하고 당사자에게만 전적인 책임을 물을 수는 없는 일이다.

출처 : 네이버 뉴스라이브러리

양들이 돈을 빼돌렸다고 의심하고 추궁하면서 일부 운수회사에서는 몸수색까지 하는 만행을 저질렀다. 어린 여성들의 몸까지 자행하는 있을 수 없는 일들이 다반사로 일어났다.

누구도 그들을 지켜주지 못했다. 갑자기 직업을 잃은 그들은 어디로 가야 했을까? 모르긴 몰라도 당시 하는 일보다 더 험하고 고된 일을 하는 곳으로 밀려날 수밖에 없었을 것이다. 지금은 없어진 안내양의 사진 한 장이 참 많은 생각을 하게 해준다.

이처럼 책 한 권, 물건 하나, 사진 한 장에도 우리 보통 사람들이 살아온 이야기가 담겨 있고, 그 이야기를 통해 누군가는 공감하고 또 누군가는 '아, 저렇게 살아가는 사람도 있구나' 하는 새로운 이해를 하게 된다. 가치는 거창한 무언가에서 찾으려고 하기보다는 보통의 현실 생활에서 그냥 흘러버릴 수 없는 자그마한 것에서부터 찾아나갈 수 있다. 일상 기록은 일상의 흔적들로서 사람이 다른 사람과 세상 대할 때 어떤 것을 중요하게 생각하는지 그 가치가 고스란히 담겨 있다.

무엇을 기록할 것인가?

경기도 연천군 신망리

2015년, 2016년 경기도 따복공동체지원센터에서 주관한 마을 기록가 양성과정을 운영하면서 만난 여러 지역의 활동가들이 있다. 이분들로부터 들은 동네 이야기를 소개한다.

경기도 연천군에는 신망리가 있다. 행정명으로는 상리이다. 한국 전쟁이 휴전되고 이곳이 고향인 사람들, 휴전선 이북에 고향을 두어 더 이상 올라가지 못한 분들이 정착했다. 다시 찾은 고향은 전쟁으로 폐허가 돼서 건물 하나, 나무 하나 제대로 없었다. 우선 미군의 도움으로 집 100호가 들어섰고 주민들은 1호집, 2호집 부르면서 살았다. 미군이 설계도와 자재를 제공하고 골조 정도는 세워주면 주

2016년 겨울 신망리에는 한국전쟁 직후 미군의 원조로 지은 구호주택 중
두 채가 남아 있었으나, 지금은 모두 허물어 없어졌다.

세상을 바라보는 따뜻한 시선, 아카이브

민들이 집을 지었다. 미군은 새로운 희망을 갖고 살아가라는 의미를 담아 'NEW HOPE TOWN'라고 이름 지었다. 구술 인터뷰 했던 한 주민은 'NEW HOPE COUNTRY'라고 정정되어야 한다고 주장했는데 기억만 갖고 있을 뿐 기록은 확인할 수 없었다. 어찌되었든 신망리라는 이름은 미군들로부터 나온 건 확실하다.

당시에 정착한 분들은 수십 년간 갈고, 닦고, 정돈해서 아주 예쁜 마을로 만들었다. 그러는 동안 100호 주택은 서서히 낡아서 헐고 새 집이 들어섰다. 그중 두 채는 폐허가 된 채 새로 짓지 않고 남아 있었다. 한때 인구도 많았으나, 지금은 자녀 세대들이 대부분 도회지로 나가 살고 있어서, 주민들은 일부 귀농한 가구를 제외하면 거의 노년층이다. 마을을 일군 분들이 마을을 지키며 살아가고 있다. 이분들에게는 작은 소망이 있었다. 폐허가 된 집을 개조해서 '마을박물관'을 만드는 것이었다. 도회지에 사는 자녀들이 가끔 찾아오면 들르고, 다른 지역 사람들도 구경하러 오면 좋겠다는 생각에서였다. 이곳에 집집마다 갖고 있는 옛날 사진, 물건들을 모아 두고자 했다. "사람이 어떻게 태어나서 자랐는지 근본은 알아야 할 거 아냐?" 당시 이장을 하시던 권숙자 님의 말씀이다. 좋은 얘기도 한두 번이지 자녀들에게 맨날 같은 얘기 하면 좋아하겠나, 공간을 만들면 거기서 이야기도 나누고 마을에 대해서 생각도 하고 좋지 않겠냐는 아이디어였다. 방치된 두 채의 집 소유주도 마을에서 그런 일을 한다면 흔쾌히 협조하겠다고 동의했다. 권숙자 이장님이 나서서 백방으로 수소문해서 예산과 방법을 가늠해보니, 주민들이 모을 수 있는 돈만으로는 부족했다. 군청과 도청의 도움을 받고자 했는데 쉽지 않았다. 이런 사연을 듣고 신망리의 탄생을 기억하는 주민들과 구술 인터뷰를 해서 자료집을 만들어 드렸다. 이장님 활동에 조금이라도 보탬이 되었으면 했는데, 결과적으로 꿈은 이루어지지 못했다. 이제 그 두 채의 집도 없어졌다. 마을 입구의 신망리역 역사에 경기문화재단의 경기에코뮤지엄으로 신망리 마을박물관을 만들어 소박하게 사진과 미니어처 등을 전시할 수 있는 걸 그나마 다행으로 여겨야 할 것 같다.

아쉬움을 지울 수가 없다. 참혹한 전쟁을 치른 폐허의 땅에서 일구어낸 신망리와 신망리 주민들의 이야기는 신망리 주민들에게만 중요한 것은 아니다. 우리나라의 현대사를 상징하기도 하고, 세계사에서도 쉽게 찾을 수 없는 삶의 이야기이기 때문이다.

경기도 동두천시 걸산동

경기도 동두천에서 아카이빙 활동을 하는 시민모임이 있다. 이들로부터 걸산동을 알게 되었다. 산중턱에 50호 정도 규모의 마을인데, 등교하거나 출근하는 일상은 물론이고 도심에 일이 있어 나올 때에는 한국전쟁 직후부터 자리잡은 미군부대를 거쳐서 다녀야만 한다. 물론 최근에 미군부대를 돌아서 마을로 들어가는 차도가 생겼지만, 지금도 여전히 미군부대를 거쳐서 다니는 사람들이 있다.

수십 년을 걸산동에 살아온 분들인데도, 미군부대를 지나려면 매번 신분증, 가방, 차량 검사를 한다고 한다. 외부에서 걸산동 주민을 방문하면 주민 한 사람마다 세 명까지 손님을 맞을 수 있다. 가족구성원인 3명인 가정에 10명의 친척이 찾아오면 1명은 마을에 들어갈 수가 없다. 미군이 정해놓은 규칙이라고 한다.

가운데 동그라미 부분이 걸산동
출처 : 동두천역사문화연구회 "동두천을 찾고, 잇다" (2020) 최희신 촬영

기록 활동가들도 같은 지역에 살면서 걸산동 주민들이 그렇게 살아온 것을 잘 몰랐다고 한다. 기록 활동을 시작하면서 걸산동 이야기를 알게 되었고, 주민 구술 인터뷰를 시작했다. 주민들은 바깥사람들이 별로 특별할 게 없는 걸산동을 특별하게 여기는 게 이상하다고 했다. 다들 사는 게 비슷하지 우리만 특별할 게 뭐가 있냐는 거다. 이미 그런 삶에 적응하고 살아왔던 거다. 하지만 인터뷰가 무르익고 서로 익숙해지면서 그들만의 특별한 기억과 경험이 하나둘씩 기록되고 있었다.

기록 활동가들의 초청으로 걸산동에 방문해서 이런 저런 얘기를 나누고 나오면서 궁금한 게 생겼다. 동두천 기록 활동가들은 어떻게, 왜 지역 아카이빙을 시작하게 되었나? 걸산동 주민 인터뷰를 하는 이유는 무엇인가? 질문하자 돌아온 답에서 새로운 깨우침을 얻게 되었다. 대표활동가 최희신 님의 이야기를 요약하면 이렇다. '동두천 주민의 입장에서 보아도 동두천이 그다지 내세울 게 많지 않고, 오히려 큰 규모의 미군부대가 지역에 미치는 영향이 아주 많다. 지역 아카이빙이란 걸 알게 되고 뜻 맞는 주민들과 무엇부터 아카이빙 할지 이야기 나눌 때 자랑거리를 찾기 어려운 지역의 모습에 막막하기도 했다. 하지만 우리가 동두천을 지금보다 주민들과 함께 건강하고 살기 좋은 지역으로 만드는 데 도움이 되고자 아카이빙을 하는 것이라면, 우리가 살아가는 지금의 모습을 진솔하게 남기고자 했다. 다소 숨기고 싶고, 부끄러운 모습일 지라도 부정할 수 없고, 피할 수 없는 일이라면 그대로 남기고 교훈으로 삼아 지금보다 좋은 지역을 만들어 보자.'

보통 아카이빙 한다고 하면 자랑스럽고, 기쁘고, 좋은 일을 떠올리게 마련이다. 자연스러운 일이다. 그러나 숨기고 싶은 것일지라도 교훈으로 삼기 위해 기록한다는 최희신 님의 설명에는 지역을 생각하는 진정성과 당당함이 배어 있었다. 이들은 걸산동 구술 채록 이전부터 이른바 '기지촌' 관련 인사들을 통한 기록물 수집, 사진촬영, 구술 채록 등을 해왔고, 최근에는 동두천 여행코스를 개발하여 타지 사람들이 직접 동두천에 와서 지낼 수 있는 프로그램을 개발해서 운영하고 있다.

  이웃들과 함께 지역을 일구고 살아왔던 보통의 일상을 자녀세대에게 기록으로 남겨주고 싶은 신망리 어른들, 지역의 모습을 있는 그대로 기록으로 남겨 교훈으로 삼고자 하는 동두천 기록 활동가들, 이들이 생각하는 가치가 곧 일상 아카이빙, 공동체 아카이빙의 길잡이가 될 수 있을 것이다.

가치 있는 기록을 향한
첫걸음

아카이빙을 하고자 하는 분들을 만날 때 무엇부터 하면 좋을지 어떤 방식으로 하면 좋을지 질문하는 경우가 많다. 무엇이든 한가지부터 시작해 보자고 권하곤 한다. 기록물의 유형으로 접근할 수도 있고, 내용으로 접근할 수도 있다. 기록물을 모으고자 한다면 사진, 선전물, 기념품, 생활용품 등 특정 유형을 정해서 시작해도 되고, 새롭게 기록을 만들고자 할 때에도 글, 사진, 영상 등 재밌게 잘할 수 있는 방법을 정하면 된다. 또는 무엇을 아카이빙 할 것인지 실행 가능한 대상을 정하고 인물, 사건, 주제, 장소 등에 따른 여러 가지 유형의 기록을 아카이빙 할 수도 있다. 하나에서 둘로 둘에서 그 이상으로 차차 활동의 폭을 넓혀나가는 방식으로 이어가면 된다.

무엇이 가치 있는가에 대해서도 깊이 있게 생각해 봤으면 한다. 아주 가까운 관계의 지인도 그렇지만 가족 구성원 간에도 서로 취향과 지향이 다를 수 있다. 어떤 사람에게는 엄청나게 중요한 일이지만, 다른 사람 입장에서는 크게 중요하지 않은 일들이 많이 있다. 우리는 타인이 중요하게 생각하는 것을 함부로 폄훼하지 않는다. 사람들이 생각과 행위가 담겨 있는 기록도 마찬가지다. 사람마다 지역마다 공동체마다 저마다 중요하게 여기는 가치가 있게 마련이다. 타인의 가치를 존중하는 것처럼 자신의 가치는 자신이 신중하게 세워 가면 된다. 남들 눈치 볼 것 없고, 보여주는 데 급급할 거 없다. 나와 우리가 진정 중요하게 생각하는 삶의 가치, 그것이 담긴 기록을 차분히 고민하고 이야기 나누면서 아카이빙을 시작해 보자.

아카이빙에서 '가치'는 핵심어 중의 핵심어이다. 무조건 기록이 많은 게 중요한 게 아니라 가치 있는 기록이 중요하다. 앞서 언급한 바와 같이 공공기관의 경우 기록의 가치를 선별하는데 역사적 가치, 증거적 가치, 행정적 가치 등을 중요한 기준으로 삼는다. 역사적 가치는 말 그대로 기록물에 담긴 역사적 의미를 고려하여 아카이빙 주체의 역사를 서술하는 것에 대한 가치가 있느냐 없느냐에 대한 판단기준이다. 예를 들어 지역의 기록 경우, 국내 모든 지역에서 공통적으로 중요하게 여기는 가치가 있을 수 있지만, 각 지역 마다 특별하게 여기는 가치가 있을 수 있다는 것이다. 증거적 가치는 혹시 모를 법적인 분쟁에 휘말렸을 때 입증의 역할을 할 수 있는 증거자료가 될 것인가에 대한 판단기준이다. 행정적 가치는 시행착오를 줄이거나 업무효율을 높이는 것에 도움이 되느냐에 대한 판단기준이다. 이 외에 재정적 가치, 정보적 가치 등 기관의 특성과 필요에 따라 선별기준을 둘 수 있다.

반면, 민간영역에서는, 위와 같은 공공기관의 기준을 참고하되 각 아카이브의 정체성에 입각하여 목표와 지향에 따라 아카이빙 주체가 스스로 선별기준을 정해 나가는 게 필요하다. 공공기관의 경우가 이성적이고 객관적이라면, 민간영역에서는 다소 감성적이고 주관적일 수 있다. 지역의 특정 인물이나 가문, 지역에 영향을 미친 사건, 사고, 지역주민에게 기억되고 있는 장소 등도 가치 선별 기준이 될 수 있다.

2019년에 만났던 충북여성살림연대의 기록자들은 지역 여성들의 삶을 통해 지역의 역사를 새롭게 써오고 있다. 미장원 운영, 인쇄업 종사, 독립운동 등 다양한 충북여성의 삶을 조사, 연구하고 구술 채록하여 꾸준히 책을 내고 있다. 특히 2022년에 구술 채록을 기획한 남정현 님은 우리 삶의 가장 밀접한 곳에서 중요한 노동을 수행해왔지만 크게 주목 받지 못한 미용사들의 생애를 구술을 통해 기록했다고 한다. 존중할 수밖에 없는 존중받아 마땅한 기록자들이 정한 가치이다.

강원도 태백시는 탄광이 번성했던 1981년 시로 승격되었는데, 당시 인구는 10만 명이 훨씬 넘었다. 이제 탄광은 사양 산업이 되었고, 인구가 2023년 11월 기준 4만 명이 채 되지 않는다. 2019년 태백시청 김진숙 기록연구사는 광부, 간호사로서 독일에 파견되었던 분들

중 현재에도 태백에 거주하는 주민들을 구술 채록하여 기록으로 남기는 사업을 했다. 지역의 역사에서 빼놓을 수 없는 사안이고, 지역의 변화를 읽을 수 있는 중요한 요소로 탄광과 파독 노동자에 가치를 둔 것이다. 면담자로 인터뷰를 수행하며 느낀 점도 다르지 않았다. 구술자들은 자신만의 생애사 경험을 통해 태백을 기억하고 있었고, 태백과 태백사람에 대한 이야기를 하고 있었다. 이들 지역 외에도 찾아보면 많은 지역에서 저마다의 가치에 따라 구술 채록뿐만 아니라 기록물 수집, 사진기록, 영상기록 등으로 지역 아카이빙을 추진하고 있다.

기록의 품질을 높이는 '4대 속성'

　최근의 업무 환경과 일상 환경은 전자기록으로 일반화되었지만, 현존하는 기록의 상당 비중은 종이기록이 차지하고 있다. 이들 기록의 품질을 규정하는 잣대로 '기록의 4대 속성'이라는 개념이 있다. 이 개념을 일상 아카이빙 현장에서 그대로 적용하기는 어렵지만, 아카이빙에 관심을 갖는 분들이라면 한번 정도 생각해 볼 내용이라서 소개한다.

　기록의 4대 속성이란 진본성(authenticity), 무결성(integrity), 신뢰성(reliability), 이용가능성(usability)을 일컫는다.[*] 진본성은 '기

---

[*] 기록의 4대 속성에 대해서는 '공공기록물 관리에 관한 법률' 제5조에 명시되어 있다.

록의 물리적 특징, 구조, 내용과 맥락 등을 포함하여, 내적 외적 증거로부터 추론할 수 있는 기록의 품질로서, 기록이 위조되지 않은 원래 그대로의 것이며, 훼손된 바 없는 상태'라는 것을 의미한다. 다시 말해 이 기록이 '진짜인가? 가짜인가?'라는 의미로서 주로 생산과 관련된 연원을 파악하는 데 적용되는 개념이다. 즉 실제로 명시된 생산자에 의해서 생산된 기록인지, 제작 취지에 적합한지, 생산 시기가 상이하지는 않은지와 같은 것들이 진본성을 검증하는 요건에 해당한다.

무결성은 기록이 훼손되거나 누군가에 의해 변조되지 않고 기록의 정체성을 잘 유지하고 있다는 의미를 지닌다. 기록이 만들어진 이후에 예기치 않은 손상이나 변경은 없었는지, 누락되거나 조작된 부분은 없는지, 만약 공식적으로 인가된 변경이 있었다면 어떤 부분이 어떻게 변경되었는지 명확하게 명시되어 있어야 무결성이 보장된다. 관리 및 보존 단계에서 주로 고려해야 할 내용이다.

신뢰성은 기록이 담고 있는 정보와 내용이 믿을 만한가에 적용되는 개념이다. 기록에 담겨 있는 내용은 진실해야 하며, 또한 기록물 스스로 그 내용의 진실성을 지킬 능력이 있는가를 가늠할 때도 적용된다. 신뢰성 있는 기록이란, 기록의 내용이 특정한 정보를 전달함에 있어 완전하고 정확하게 표현하고 있다는 것을 의미한다.

이용가능성은 전자기록시대에 등장해서 PC나 web 환경이 변해도 디지털자료를 이용할 수 있어야 한다는 개념이지만, 반드시 전자기록에만 해당되는 것은 아니다. 큰 가치와 의미가 있는 기록이 캐비닛 안에 들어 있다고 해도, 그 캐비닛을 열 방법이 없다면 이용 가능성이 없는 기록인 것이다. 이용 가능한 기록이라면, 누구나 해당 기록에 쉽게 접근할 수 있어야 하고 또한 기록의 내용을 파악할 수 있어야 하며, 기록에 대한 해석과 활용이 가능해야 한다. 이러한 기록의 4대 속성을 확보하는 노력은 특히 디지털환경에서는 언제, 누가, 어디서 기록을 다룬다 해도 유념해야 할 것이다.

공공기록물 관리에 관한 법률에서도 이 내용을 담고 있는데, 제5조(기록물관리의 원칙)에서 '공공기관 및 기록물관리기관의 장은 기록물의 생산부터 활용까지의 모든 과정에 걸쳐 진본성(眞本性), 무결성(無缺性), 신뢰성 및 이용가능성이 보장될 수 있도록 관리하여야 한다.'고 명시했다. 또한 같은 법 시행령에서는 기록의 4대 속성을 보장하기 위하여 공공기관 및 기록물관리기관의 장은 '기록물 관리 정책 및 절차를 수립·시행하며, 그 결과를 기록물로 남겨 관리하여야' 하고, '기록물이 전자적으로 생산·관리되도록 중앙기록물관리기관의 장이 정하는 바에 따라 전자기록생산시스템, 기록관리시스템 또는 영구기록관리시스템을 구축·운영하여야 하며, 전자적 형태로 생산되지 아니한 기록물을 전자적으로 관리하고 활용하기 위하여 기록물 전자화계획을 수립·시행' 해야 한다고 구체적으로 설명하고 있다.

변화하는 일상,
진화하는 기록

요즘 아이들 모습이다. 몇 년 전에 국회 헌정기념관에 일이 있어서 들렀는데, 마침 견학을 왔던 아이들이 쉬는 시간을 보내고 있었다. 거의 모든 학생들이 어딘가 앉을 곳을 찾아서 스마트폰을 들

2019년 5월에 촬영한 헌정기념관에 견학 온 학생들의 쉬는 시간 모습.
모두 휴대폰으로 무언가를 하고 있다.

여다보고 있다. 우리 세대만 하더라도 살아가는 과정에서 컴퓨터를 만났고 학교나 학원에서 수업을 통해 컴퓨터를 배웠던 세대다. 하지만 요즘 어린 세대는 컴퓨터, 스마트폰이 있는 세상에 태어나서 전자제품 전원 켜는 정도 수준으로 디지털기기를 사용하고 있다. 기성세대가 어린 세대에게 "폰 좀 그만 봐라.", "게임 시간 줄여라."라고 하는 건 별 의미 없는 말이다. 기성세대가 해야 할 일은 어린 세대들이 일상적으로 누비는 디지털 환경이 보다 건강하고 유익하게 하는 것이다. 컴퓨터, 스마트폰 등 디지털기기로 하루에도 무수한 자료를 만들어내고 있는 시대다. 특히 거의 종일 스마트폰을 몸에 지니고 있으면서 이 손바닥만 한 기기로 사진을 찍기도 하고,

경향신문 2013년 7월 7일자 '삼성전자 데이비드 은 부사장 트위터로 사고 소식 전해' 기사.
출처 : https://www.khan.co.kr/world/world-general/article/201307071135251

문자를 보내기도 하고, 일정표를 쓰기도 하고. 결제를 하기도 한다. 이전에는 없었던 기록들이다. 그것들을 남겨야 하나? 남기면 가치 있는 기록물이 될까?

2013년 7월, 아시아나 여객기 사고가 있었다. 승무원이 손에 부상을 입은 와중에도 승객들을 안전하게 대피시켰고, 그런 뒤에야 사고 현장에서 탈출하여 의인(義人)으로 칭송받았던 사건이다. 흥미로운 점은 사건이 처음 알려지게 된 계기는 SNS 매체인 페이스북(facebook)을 통해서였다. 현장에서 사건을 겪은 한 기업의 임원이 자신의 페이스북에 올리면서 취재가 시작되었다. 뿐만 아니라 요즘 언론 매체를 보면 화재사고가 일어나곤 했을 때 현장 영상의 출처가 'ㅇㅇ구 ◇◇동 아무개'로 표기되는 경우가 꽤 많다. 기자들이 사건을 접수하고 달려가기 이전에 시민들이 먼저 현장을 포착하는 경우가 비일비재하다. 이렇듯 생동감 넘치고 중요한 기록들을 우리 스스로가 일상적으로 생산해내고 있는 것이다.

스마트폰 이용자의 대다수가 사진 촬영 기능을 애용한다. 맛있는 음식, 멋진 풍경, 반가운 친구, 신기한 모습, 메시지를 담아 연출한 장면 등 무언가 사진으로 남기고 싶은 이유가 있으면 바로 버튼을 누른다. 그러나 사진을 촬영한 뒤 스마트폰안에 그대로 저장만 하고 있는 경우도 많다. 사진을 찍는 것 자체는 버튼을 누르면 끝나지만 그것을 나중에 적절하게 활용하고자 한다면 간단하게라도 정보를 기입해 두면 유용하다.

가령 스마트폰을 오래 사용하여 교체하거나 용량이 부족하여 PC

혹은 web으로 옮겼을 때, 특정한 사진을 찾기 위해서는 자동 입력된 파일명만으로는 식별할 수 없어서 사진파일을 하나씩 다 열어봐야 한다. 파일명만 식별할 수 있게 해도 나을 것이다. 그러나 일상생활 중에 찍고 파일 이름을 입력하는 수고는 쉽지 않다. 기록차원에서 사진을 촬영하고 저장하는 사람이라면, 하루 또는 일주일 정도 기간을 설정한 뒤 스마트폰으로 촬영했던 사진을 확인하면서 불필요한 파일은 삭제하고, 남겨 둘 파일은 파일명과 간단한 키워드를 입력해 두면 유용할 것이다. 디지털 기록에 생명력을 불어넣고 맥락을 풍부하게 하는 일이다. 물론 귀찮고 수고스러운 일이다. 그러나 어떤 기록 작업도 결코 수고스럽지 않은 것이 없다. 파일명 규칙, 사진 기술(디스크립션) 등은 인터넷 상에서도 효율적으로 하는 내용을 찾아 볼 수 있으니 참고해서 자신만의 방식을 마련하면 된다.

03

일상 기록의 생산과 활용

기록은
어떻게 모으는가?

개인적으로 하는 아카이빙보다는 범위를 넓혀 지역이나 공동체 등 집단의 기록을 생각해 보자. 기록이 없는 아카이브는 있을 수 없다. 아카이빙의 객체인 기록을 확보하는 과정은 어떠할까.

사람들의 일상적인 삶을 기록하기 위해서는 살아온 내력을 살펴볼 필요가 있다. 지역의 경우 해당 지역의 사람, 사건, 지리적 여건, 주민 공동체 등의 특징에 대한 조사를 한 후 대상으로 할 기록, 기록을 수집 및 생산할 주체를 정한다. 시간, 공간, 행정구역, 자연조건의 변화 과정에서 주민들이 어떻게 살아왔는지에 대한 정보는 기본적으로 관련 문헌들을 조사해야 할 것이고, 여러 계층의 지역민들과 대화를 하는 것도 매우 중요하다. 지역민들은 지금부터 기록화 대상이나 참여자가 아니라 엄연한 지역 기록의 주체라는 점을 처음부터 잊지 말아야 한다.

해당 지역에서 살아왔던 이들의 삶 속 애환들, 지역이 크게 변화했던 계기들, 오해와 다툼, 화해와 치유, 갈등과 불안 그리고 미래에 대한 바람까지 기록화의 대상은 얼마든지 많다. 지역의 기록은 만든 주체를 기준으로 개인과 공동체(집단)의 기록으로 나눠볼 수 있다. 이들이 만들어 내는 문서, 사진, 영상, 기념품, 의복을 포함한 생활필수품, 그림(벽화, 낙서 등) 및 음악을 포함한 예술창작물, 각종 행사, 주요 지역, 지역의 상징물 등 일상에서 만들어지고 만나게 되는 모든 것이 지역 아카이브의 후보가 될 수 있다. 이 중 가치기준에 부합하는 것이 지역기록물로 확정되는 것이다.

한편, 지역마다의 다양성을 고려하여 기록 수집을 위한 절차를 정해 놓는 것도 유용하다. 예를 들어 어떤 마을의 기록을 수집하고자 할 때 시기, 생산 및 관리주체, 주제, 기록유형을 분석해서 아래의 그림과 같은 공정을 담은 순서도를 설계해 두면 체계적이고 효율적으로 수집할 수 있다.

주민들이 각자 소장하고 있는 기록물을 수집하는 일과 동시에 사람들의 기억에만 남아 있는 중요한 내용들을 기록으로 확보하기 위해서 사진촬영, 영상촬영, 구술 채록 작업 등을 수행하기도 한다. 수집된 기록을 시간 순으로 나열해보면 부분적으로 공백이 있을 수 있다. 공백은 새롭게 기록을 만들어 내거나 추가로 수집하여 보완한다.

수집을 할 때 조사과정을 기록하는 것도 매우 중요하다. 잠재적 소장처를 목록화하고 우선순위를 정해 조사한다. 그리고 잠재적 소장처를 조사한 내용을 기록해 두는 것이다. 확인했으나 관련 기록을 소장하고 있지 않다거나, 소장하고 있다가 폐기했다거나, 소장하고 있으나 기증의사가 없다거나, 소장하고 있지 않지만 다른 소장처를 소개했다거나 하는 다양한 조사정보를 기록해 두는 것이다. 이후 수집 업무를 할 때 중복작업을 막고 소모적인 업무를 하지 않도록 하는 매우 유용한 정보로 활용할 수 있을 것이다. 기록학에서는 잠재적 소장처를 리드(lead), 접촉한 내용을 케이스(case)라고 하며 각각의 내용을 서식화하여 파일로 관리한다.

되도록 수집활동은 널리 홍보하면서 하는 게 좋다. 홍보를 통해 기록물을 수집하는 데 도움도 얻지만, 많은 사람들이 관심을 갖도록 하기 위해서이다. 이때 추상적으로 '기록을 수집한다'는 것만 홍보하기보다는 구체적으로 유형이나 내용을 제시해서 소장자 입장에서는 사소하게 생각할 수 있는 하나의 기록이라도 수집하는 입장에서는 간절히 원하고 있다는 점을 설득할 필요가 있다.

기록물을 생산, 수집하는 과정에서 유념해야 할 내용이 있다. 우선, 기록물을 둘러 싼 권리문제이다. 소유권, 저작권 등 지식재산권에 대한 중요성은 점점 더 강조되고 있다. 바람직한 방향이라고 생각한다. 법적 분쟁의 사례와 판례는 매우 복잡하고 다양하지만 적어도 기본은 환기했으면 한다. 기록이 탄생되는 데 있어 누군가의 지적행위와 지니고 있었던 수고가 있었다면 반드시 그 노고는 인정하는 게 상식이 되었으면 한다. 타인의 노고를 가로채는 건 절도나 다름없다. 재산권과는 다른 인격권의 차원에서 초상권도 유념해야 한다. 이 또한 사례가 매우 복잡하고 다양하지만 타인의 인격과 상호 다양성을 존중해야 한다는 상식에 비추어 분쟁 또는 누군가에게 피해를 줄 일을 스스로 차단하는 노력이 필요하다. 이런 권리문제에 대하여 협의를 하는 과정에서는 반드시 문서로 남겨 나중에도 확인할 수 있도록 하는 것도 잊지 말아야 한다.

기록물을 수집하는 경우에 기증자와 아카이브 간에 기증기록에 대하여 아주 구체적인 확인 작업을 하는 것은 매우 중요하다. 기증자들이 기록물을 명시적으로 하나하나 확인하고 기증하는 경우도 있지만, 상자 단위나 캐비닛 단위의 묶음으로 기증하는 경우가 있다. 이때 구체적인 목록을 기증자와 아카이브가 확인해야 한다. 시간이 흘러 기증자가 기증한 상자 또는 캐비닛에 포함되어 있던 특정 기록물은 기증 대상이 아니었는데 착각이 있었다고 반환을 요청하는 수가 있다. 아카이브에서 확인해 봤는데, 반환 요청을 받은 기록물이 없다면 매우 곤란한 상황이 된다. 기증자의 착각인지, 아카이브 담당자의 업무 오류인지 어디서 문제가 발생했는지 확인할 길이 없다. 이런 난망한 상황이 발생하지 않도록 기증기록의 목록을 작성하여 내용과 수량에 대해서 꼼꼼히 상호 확인해야 한다. 이 또한 기증 서식에 포함시켜 문서화해 두어야 한다.

기증자에 대한 예의는 아무리 강조해도 지나침이 없다. 한 사람이나 집단에서 소장하고 있는 기록물은 그(들)의 삶이 묻어 있는 것으로서 사람 대하듯 대해야 한다. 노년층 분들을 구술하다 보면 인

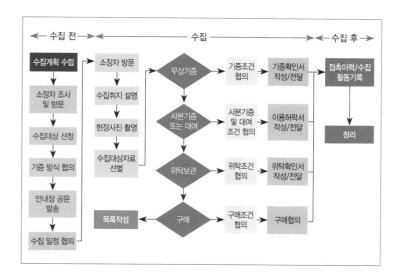

상 깊은 기억을 담고 있는 사진이나 문서 등 기록물을 거론하거나 보여주며 회고하는 경우가 있다. 한편 관련 기록이 있었는데 분실했다고 하는 경우도 아주 많다. 출판사, 신문사, 학교, 교회, 지자체 등에서 와서 어떤 책을 만드는데 기록을 사용하고 돌려준다고 빌려가 놓고 안 돌려줬다는 것이다. 이런 이야기를 들을 때마다 부끄럽다. 한 사람의 생을 이렇게 가볍게 여기는 사람들이 도대체 누구를 위해서 무슨 책을 낸다는 말인가.

정리와 분류 그리고 기술

정리, 분류는 의미상 거의 같은 말이다. 아카이브에서 소장하고 있는 기록은 쉽게 찾을 수 있도록 해야 하고, 편리하게 사용할 수 있도록 해두어야 한다. 그러기 위해서 정리와 분류를 한다. 보통 정리는 물리적인 배열을 의미하고, 분류는 논리적인 배열이라고 설명할 수 있다. 정리는 기록물을 한눈에 찾기 쉽게 하는 것이라고 할 수 있다.

왼쪽은 아들이 고등학교 다닐 때 책상 모습을 담은 사진이다. 언뜻 보기에도 산만하게 물건이 놓여 있다. 오른쪽은 논문이 가지런히 꽂혀 있는 나의 서가 일부의 모습니다. 간혹 어떤 논문이 필요해서 찾으려면 따로 목록화 해두지 않아서 저런 서가를 한참 뒤지곤 한다. 보기에 정리된 듯하지만 실제로는 정리한 게 아니고 그냥 꽂

아둔 것일 뿐이다. 아들은 저 어지러운 책상에서도 필요한 물건을 잘도 찾는다. 정리되어 있지 않은 듯 보이지만 자기만의 질서가 있는 것 같았다. 자료 이용의 편의만 보자면 내 서가보다는 아이의 책상이 정리된 것 같다.

아들 고등학교 시절의 어수선한 책상(왼쪽)과 가지런해 보이는 나의 서가 일부.
하지만 나는 필요한 논문을 금세 찾기 어렵고, 아들은 필요한 물건을 쉽게 찾는다.

다만, 여럿이 함께 운영하는 아카이브, 많은 사람이 활용할 기록이라면 특정인만의 기억과 질서에 의존해서 정리할 수는 없다. 관리를 위한 약속, 이용자를 위한 기준을 구조화해서 규칙에 의해 관리하고, 편리하게 활용할 수 있는 조건을 마련해야 한다. 이 또한 정리의 목적을 잊지 말고 형편과 상황에 맞게 현실적으로 마련해 가면 된다.

앞서 분류란 논리적 배열이라고 소개했다. 사고의 연관성을 따라 기록에 접근해 가는 경로를 마련하는 것이라는 의미이다. 어떤 두 사람이 주고받은 많은 양의 편지가 한곳에 모여 있다고 가정해 보자. 사람별로 분류할 수 있고, 편지를 주고받은 시기를 기준으로 분류할 수 있고, 편지에 담긴 내용을 기준으로 분류할 수도 있다. 정답은 없다. 편지를 아카이빙 하고자 한 가치가 무엇이었나를 환기하며 이용자들이 편리하고 유용하게 활용할 수 있도록 분류체계를 두는 것이 중요하다. 분류는 이러한 요소를 종합적으로 반영하여 대, 중, 소, 세 등의 계층을 두고 체계를 만드는 것이 일반적이며 계층의 깊이를 많이 설정하면 너무 복잡해서 찾기 어려워질 수 있으니 이점은 유의해야 할 것이다. 그리고 분류는 대상 기록물이 어느 정도 확보된 뒤에 시작해도 된다. 어떤 기록이 얼마나 확보될지 모르는 상태에서 분류체계를 먼저 설계하는 것은 불안정한 분류체계를 만들어 나중에 수정할 일만 많아진다. 일정 기간 기록을 확보해서 아카이브에서 대상으로 하는 기록물의 대강이 가늠되는 시기에 분류체계를 마련해도 늦지 않다.

아카이빙 전반이 기록을 원활하게 이용하는 것이 목적이지만, 특히 정리와 분류는 이용자의 입장에서 생각하고 관리하여 더 많은 이용자가 더 편리하게 기록을 이용할 수 있도록 하는 게 관건이다.

2021년 만났던 인천 연수구 청학동 마을 공동체의 활동기록 정리, 분류의 모습은 퍽 인상적이었다.

기록을 잘 정리, 분류해 놓는다고 쉽게 찾을 수 있는 것은 아니다. 적절한 정보를 기입해 두고 함께 제공해야 이용자들이 다양한 방법으로 찾을 수 있다. Description, 즉 기술(記述)이란 기록에 대한 중요한 맥락과 정보를 입력하는 것을 말한다. 아카이빙 되는 기록에는 반드시 기술이 필요하기 때문에 기록관리 분야에서는 국제적인 표준을 마련하기도 했다. 대표적으로 ISAD(G)가 있는데 General International Standard Archival Description의 약칭이다.

2021년 11월 청학동 마을 공동체 마을과 이웃 사무실을 찾았을 때, 기록물을 정리해 놓은 모습이 인상적이어서 양해를 구하고 촬영했다. 결재서류, 수입·지출 관련 서류, 각종 일지, 회의록 등은 문서 보존 상자에 보관하고, 자료집, 유인물, 보고서 등은 서가에 꽂아 두었다. 위쪽으로는 실물기록, 스크랩 등을 전시 형태로 보관 중이었다. 명실상부한 전시형 수장고였다.

ICA(International Council on Archives)라는 국제기구가 있다. 우리나라에서는 세계기록관리평의회, 국제아카이브협회 정도로 번역해서 부른다. 이 기구의 기술표준위원회(Commission on Descriptive Standards : ICA/CDS)가 개발하여 ICA가 공인한 영구기록물에 대한 기술규칙 표준으로서 1994년 초판이 공표되었고, 2000년 제2판이 발행되었다. 이 표준에서는 기록물을 계층에 따라 분류하여 다계층 기술을 하도록 하고, 기술요소를 식별, 맥락, 내용, 구조, 접근과 이용환경, 연관자료, 추가설명, 기술통제 등의 영역을 두고 총 26개 요소를 기술하도록 제시하고 있다. 우리나라도 이 표준을 거의 그대로 차용해서 사용하고 있다.

기술작업은 기록에 대한 배경정보를 충분히 기술해서 기록이 품고 있는 내용을 풍부하게 확보하는 일로서, 이용자의 입장에서는 다양한 키워드로 기록을 검색할 수 있는 접근점을 마련하는 일이기도 하다.

〈마을과 이웃〉의 윤종만 당시 대표의 설명에 따르면 20주년 기념백서를 쓸 수 있었던 것은 그간 활동과정에서 생산한 기록을 체계적으로 잘 관리하고 있었기 때문이며, 기록관리를 하게 된 직접적인 동기는 故 주종모 수석부위원장의 적극적인 제안이 있었기 때문이라고 했다. 안타깝게도 주종모 님은 백서발간을 직접 보지 못하고 돌아가셨다고 한다. 특이할 만한 일은 백서와 소장기록을 활용한 연구가 2018년 인천대학교 정책대학원 석사학위 논문으로 작성되었다는 점이다. 연구자는 송복식이고 제목은 '주민조직화와 갈등해결에 관한 연구 : 인천광역시 청학동 〈마을과 이웃〉 사례를 중심으로'이다.

민간영역에서 특히 시민들이 자발적으로 아카이빙을 하는 경우에 이런 표준을 사용하는 것이 다소 어려울 수 있고, 입력 항목을 모두 기입하지 못하는 경우도 있다. 기술의 목적을 잊지 않는다는 것을 전제로, 표준에서 제시하는 항목은 그대로 두고 입력할 수 있는 것부터 입력하는 방법, 표준 중 반드시 필요한 부분을 차용하는 방법, 표준을 참고해서 현실 조건에 맞게 수정해서 사용하는 방법 등 유연하게 기술 작업을 할 수 있다고 생각한다.

2020년 아카이빙 교육프로그램에서 만났던 (사)횡성여성농업인종합지원센터 분들의 활동에서 배울 점이 있어서 소개한다. 센터는 여성농민을 연결하고 연대하도록 돕는 플랫폼이다. '횡성토종씨앗지킴이단'을 구성하고 토종씨앗을 수집하는 활동을 하고 있었다. 토종종자를 지키려는 활동은 횡성에서 시작해 전국으로 확산된 것으로 알려져 있다. 오랫동안 지역풍토에 맞는 종자를 개량하고 보존하면서 지역공동체를 유지 발전시켜온 여성농민들의 권리를 지키기 위한 일이기도 하다. 파는 걸 사서 쓰면 같은 종자의 특징이 온전히 나타나지 않아 매년 비싼 종자를 구입해야만 했다. 토종 씨앗은 지역의 기후와 풍토에 맞게 적응한 종자지만, 씨를 받기 위한 기다림과 추가노동이 필요하다. 토종씨앗을 지키는 일은 농민들에게 씨앗에 대한 권리를 돌려주고 여성 농민들의 좋은 씨앗을 고르는 식견과 가치를 복원하는 과정이라고 한다. 이분들이 씨앗을 수집할 때 사용하는 봉투이다.

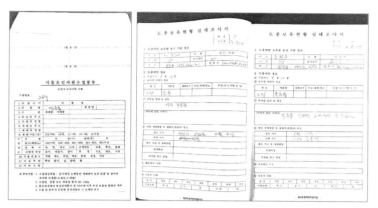

식물유전자원수집봉투(토종씨앗수집봉투) 토종보유현황 실태조사서
출처: 횡성여성농업인종합지원센터 한영미 소장 제공

식물유전자원수집봉투에는 수집 시 기록할 사항으로 수집시기, 작물의 이름과 용도 및 이용부위, 수집자 정보, 재배자 정보, 재배기간, 수집 장소(상세) 등을 빼곡하게 기입하게 되어 있다. 수집한 씨앗은 위에 적힌 수집번호대로 수집대장에 기록해서 관리한다. 수집 후에는 토종보유현황 실태조사서를 작성한다. 여기에는 보유 농가와 토종씨앗의 기본 정보 외에 씨앗을 얻게 된 경로, 재배방법 및 토양의 특성, 씨앗을 제공하는 이유 등을 상세하게 기록하고 있다.

아카이빙에 대하여 교육을 하러 간 입장에서, 이 분들에게 뭘 가르친다는 말인가! 하는 생각이 들었다. 아카이빙에서 말하는 기술(description)을 훌륭하게 하고 있었다. 귀한 씨앗을 구했다고 해도 이런 정보들이 없으면 씨앗이 갖는 가치를 충분히 발현할 수 없다. 기록도 마찬가지다. 아무리 가치 있고 중요한 기록이라고 해도 적절한 설명이 없으면 그 진가를 발휘하기 어렵다.

여성농민을 연결하고 연대하도록 돕는 플랫폼인 (사)횡성여성농업인종합지원센터의 한영미 대표는 여성신문과의 인터뷰(2021.12.23)에서 "누구라도 해야 할 일"이라며 "사람과 사람을 연결하는 일을 좋아해요. 재능과 능력을 가진 분들을 서로 연결하면 시너지가 날 수 있잖아요."라고 한다. 토종 씨앗도 수집하고, 언니네 텃밭도 일구고 하는 일이 많지만 결국 중요한 건 사람이다. 아카이빙도 그렇다.

기록을
오래 간직하기 위하여

종이기록, 각종 실물기록, 전자기록은 저마다 수명이 다르다. 종이 중에서도 산성용지는 그리 보존기간이 길지 못하다. 상온에서 약 2~30년 정도 원상태를 유지한다고 알려져 있다. 그 뒤로 시간이 지나면 색이 변하거나, 바스라지기 시작한다고 한다. 기록도 마치 사람과 같아서 한 번 병이 들었을 때 빨리 치료하지 않으면 상태는 금방 더 악화된다. 가장 좋은 방법은 병을 예방하는 일이다. 물론 방법은 상태마다 매체마다 다양하다. 예를 들어 산성용지는, 중성지 상자에 보관하면 보존성이 높아진다. 그 중성지 상자를 보존성이 더 좋은 나무상자에 넣고 보존환경이 갖추어진 공간에 보관하면 매우 오랫동안 기록을 보존할 수 있다. 종이기록이나 실물기록이 병을 얻는 이유는 물리적, 화학적, 생물학적 요인들에 의해서다. 피해의 원인과 정도에 맞게 대처해야 한다. 전자기록은 종이기록, 실물기록에 비해 보존이 쉽고 장기적이라고 알려져 있지만, 훼손되었을 때 복원은 쉽지 않으며 종이기록이나 실물기록과는 다른 전자기록만의 방법으로 대처해야 한다. 모든 경우에 원인을 잘 살펴 병을 얻은 원인에 맞는 처방을 해주어야 한다. 기록보존은 과학적인 지식과 경험적 실무가 필요한 전문분야이다.

기록관리를 전문적으로 수행하는 공공기관의 기록은 전문적인 보존 환경을 갖추고 전문적인 처리를 해야 한다. 하지만 보통 사람들이 그렇게 하기는 쉽지 않다. 전문성, 장비, 공간 그리고 이에 따른 비용을 마련하는 일은 거의 불가능하다. 따라서 개인, 지역, 공동체, 단체 등에서 자발적으로 아카이빙 하는 경우에는 주로 기록물을 확보하고 정리, 분류해서 다양한 방법으로 공유하는 일을 우선 하되 되도록 실물기록의 경우 디지털 파일로 만들고 디지털 환경에서 공유하는 편이 유용하다고 본다. 장기적인 보존은 장차 공공 아카이브와 협의하거나 보존환경을 갖춘 공공기관과 협력하는 방안을 모색하는 것이 현실적이라고 생각한다. 민관 협력체계를 모색하는 것은 사회적으로 가치 있는 기록을 어떻게 보존할 것인가에 대한 문제이므로 아카이빙 분야에서 지속적으로 논의하고 풀어가야 할 과제 중 하나이다.

한편, 보존 단계에서도 기록에 대한 권리에 대하여 제 주체들에게 문제없도록 제반 조건을 마련하는 것을 잊지 말아야 한다. 민간

기록은 사적영역에서 보관, 보존되고 있던 것을 발굴하여 수집한 것이기에 원 소유자, 저작권자가 피해를 입지 않도록 해야 한다. 최근 아카이빙 과정에서는 주로 기록을 1차적으로 활용하는 것에 대한 동의를 받고는 있다. 앞으로는 2차 저작물에 대한 권리문제에 대해서도 대책을 마련해 나가는 게 필요하다. 그리고 아카이브가 운영을 중단하거나 해산 되었을 때의 대책을 마련하는 것도 필요하다. 지방자치단체의 경우 조례를 마련하거나 기존 관련 조례에 조문을 포함시킬 수 있으며, 민간주체가 아카이빙 하는 경우에도 서약서, 동의서 등에 이들 내용을 포함하는 것이 필요하다.

민간기록 분야에 관해서 우리나라의 중앙기록물관리기관인 국가기록원에서 정책과 제도를 마련하기를 기대한다. 공공기록물기록관리법에서 '민간기록'에 대한 조항은 제10장 민간기록물 등의 수집 · 관리 부분에서 다루고 있는데, '중앙기록물관리기관의 장은 개인이나 단체가 생산 · 취득한 기록정보 자료 등으로서 국가적으로 영구히 보존할 가치가 있다고 인정되는 민간기록물을 위원회의 심의를 거쳐 국가지정기록물로 지정하여 관리할 수 있다.'는 내용이다. 민간기록을 강제적으로 국가기록화 하는 것이 아니라, 다양한 협력을 모색하도록 되어 있다.

하지만 기록을 소장하고 있는 사람은 국가기록원의 민간수집 업무의 대상일 뿐 그 이상도 이하도 아니다. 국가기록원의 '비전'은 '신뢰받는 기록 관리로 정부는 투명하게, 국민은 행복하게'라고 표방하며 기록을 관리하고 서비스하는 주체로 정부를 설정하고, 국민은 기록을 서비스 받는 입장으로 설계되어 있어 여기서도 국민은 대상일 뿐이다.

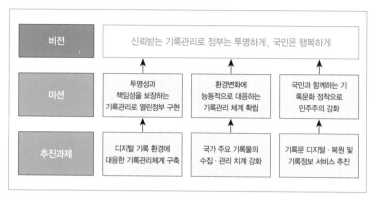

국가기록원이 스스로 표방하는 기관의 목표
출처 : 국가기록원 홈페이지(https://www.archives.go.kr (2023.12.10)

또한, 국가기록원의 '주요 임무' 또한 '국가 주요기록물 수집 및 체계적 보존·관리, 대국민 기록정보 제공으로 지식정보사회 선도, 기록문화 확산을 위한 다양한 활동 전개, 환경변화에 부응한 기록관리 정책·제도 운영 및 각급 기관 협력·지원'으로 제시하고 있다. 국가기록원은 중앙기록물관리기관으로서 국가의 중요기록을 영구적으로 보존·관리하는 역할은 물론이고 기록물관리에 관한 기본 정책의 수립 및 제도의 의무를 가지고 있다. 공공기관을 넘어 사회 전반에 걸친 아카이빙 정책을 적극적으로 모색하길 바란다. 문화체육관광부를 비롯한 연관성이 많은 타 부처 및 기관과 긴밀한 논의와 협력도 해야 하고, 필요하면 기록관리법을 개정하거나 새로운 법을 만들 수도 있다. 이를 위해서는 장기적인 계획하에 이 분야를 전담할 조직을 갖춰야 한다.

국가적 보존가치가 있는 기록의 생산주체는 공공기관뿐만 아니라 모든 국민이며, 모든 국민은 기록이용의 권리를 갖고 있다는 것을 다시금 인지하고 이에 걸맞는 정책과 제도를 마련하기 바란다.

불법적이고 폭압적인 일제강점기를 거치면서 단절되었던 기록관리 제도와 전통이 비로소 1999년 기록관리법 제정으로 부활되었다. 그 후 20년 이상 부단한 노력을 거쳤으며, 아직 많은 과제가 있음에도 불구하고 공공영역에서 기록관리 제도가 정착되고 발전되어 온 것도 사실이다. 민간영역에 대해서는 이제 논의가 시작되고 있다. 단기간에 성과를 내려는 조급함을 가져서는 안 된다. 장기적인 계획을 수립하고 민간 아카이빙 정책을 마련해 나가야 한다.

지방자치단체의 기록관이 명실상부한 지방기록관이 되길 바란다. 기록관리법에서 정하고 있는 지방영구기록물관리기관을 설치한 곳은 현재 경상남도(2018년 개원)와 서울특별시(2019년 개원) 두 곳이다. 모두 주민기록을 수집대상으로 삼고 있으나 설립 초기로서 큰 활동을 보이지는 못하고 있다. 그러한 사정을 감안해도 아쉬운 점은 주민들을 수집의 대상으로는 설정하지만, 생산의 주체로 간주하고 있는지 불명확하다. 모든 주민을 공공기록관리 공정의 '처리과'로 자리매김하자는 것이 아니라, 주민기록 생산 환경 마련, 수집과정의 주민 직접참여 등에 대한 구체적인 계획이 보이지 않는다. 기초 지자체의 기록관은 말할 나위도 없다. 열악한 근무환경을 자조적으로 표현한 소위 '1인 기록관' 체계 속에서 격무와 겸무가 일상인 현행 지방기록연구사들이 민간영역 아카이빙에 역할을 담당하는 것은 거의 불가능하다. 그렇기 때문에 지방기록연구사에게 무언가 역할을 주문하는 것이 아니다. 지방기록관이 명실상부한 기록관으로서의 체계를 갖추고 기본적으로 부여된 공공기록관리 업무와 더불어 주민과 주민공동체의 기록에도 적극적으로 나설 수 있는 환경마련과 인식변화가 필요하다는 점을 강조하는 것이다.

지역의 도서관, 문화원, 문화재단 등 각급 문화기관들의 경우에도 지속가능한 아카이빙 체계를 마련하는 것으로 활동이 확장되길 기대해 본다. 아카이빙 지침 마련, 보존환경 마련, 전담 인력 마련 등 문화기관에서 할 수 있는 일을 추진하거나, 자체적으로 어렵다면 관련 지자체와 협력하는 방안을 적극적으로 제안해 나가기를 기대한다.

공유와 활용

아카이브에서 관리, 보존하는 기록을 활용하는 방법은 크게 두 가지로 나눠 볼 수 있다. 하나는 기록 자체를 있는 그대로 서비스하는 것이다. 개별 기록물이 갖고 있는 맥락정보와 함께 내용과 구조를 인지할 수 있도록 원상태대로 확인할 수 있게 해주는 것이다. 또 다른 방법은 여러 기록을 새로운 메시지를 담아 콘텐츠를 제작하여 제공하는 것이다. 책자발간, 전시 등이 대표적이다. 서울기록원이 2020년에 진행한 전시 〈넘어넘어 : 진실을 말하는 용기〉(2020.5.18.- 2021.3.28.)는 5.18 광주민주화운동 시기 광주지역 민간기록에 주목한 작업이었다. 지역에 연연하지 않고, 동시대의 보통사람의 삶을 담아 주요 사건에 담긴 교훈을 소통하려는 시도가 돋보였다.

서울기록원의 전시 '넘어 넘어 : 진실을 말하는 용기' 포스터

    속도는 빠르지 않지만 아카이브가 활성화되면서 각 아카이브 마다 확보하고 서비스 하는 기록의 양과 유형도 늘어나고 있다. 최근에 개봉한 영화 〈서울의 봄〉은 당시 상황을 담은 많은 기록을 활용했다는 것을 금세 알 수 있다. 특정 사안이나 주제에 대하여 다양한 소장처, 다양한 유형의 기록을 활용해서 창작의 소재로 활용하는 것도 유용하다.

    국내 공공기관과 기록물관리기관에서는 구술 채록이 점점 활성화되고 있다. 구술 기록 또한 개별 구술 내용도 각각 의미와 가치가 있는데, 특정 주제, 사건, 인물 등에 대하여 여러 구술자들이 발언한 내용을 분석하면 더욱 흥미로운 내용을 접할 수도 있다. 예를 들어 문민정부 출범 후 1993년 8월 금융실명제를 실시할 때 김영삼 전 대통령의 특별한 지시로 매우 비밀리에 준비하고 전격적으로 단행한 것으로 알려져 있다. 이와 관련해서 김 전 대통령과 아주 가까운 측근으로 알려진 김덕룡 전 국회의원은 자신에게도 비밀로 하고 금융실명제를 준비했다는 내용을 구술한 바 있다. 또한 재무부 장관으로서 금융실명제를 직접 준비한 홍재형 전 경제부총리는 준비팀이 모처에 숙소를 구하고 외부와 모든 연락을 차단하고 일했던 상황을 회고한 바 있다. 이들 구술 기록은 국회기록보존소 구술 기록 서비스에서 확인할 수 있다.

이처럼 문서기록만으로 모두 알 수 없는 구체적인 상황과 내용을 구술 기록을 통해 훨씬 입체적으로 파악할 수 있듯이 다양한 기록물을 적절하게 함께 활용하면 상승효과를 볼 수 있다. 또한 이용자 입장에서는 효율적으로 지식과 정보를 얻게 되고, 그렇게 서비스를 하는 아카이브는 이용자들의 신뢰가 높아질 것이다.

더 나아가 이용자와 소통에 있어서도 새로운 시도가 있었으면 한다. 예를 들어 주민의 생활사 기록을 확보하는 경우 지역의 어린이들이 수업시간이나 아카이브의 프로그램을 통해 감상하도록 하는 것이다. 감상 소감을 시, 가사, 춤, 음악 등으로 표현하여 아카이브에 보내면 이 또한 향유기록으로 관리하면서 공유하는 선순환 구조를 만들어 가면 좋겠다. 기록은 공유할 때 더욱 빛을 발하고 공유를 통해 이용자들과의 소통을 도모하는 것을 지향한다면, 적극적인 소통을 위한 프로그램을 계속 시도하는 것이 필요하다.

일상
아카이빙의 중요성

정체성

기록에는 사람들의 삶, 일, 관계가 담겨 있고 그런 사람의 기록은 지역의 정체성을 만들어 낸다. 아카이빙 과정에서 중요한 성과는 결과물 자체에 있지 않고, 기록물의 배경과 맥락을 확보하는 데 있다. 똑같은 물건이라 해도 누가 갖고 있었는지, 어떠한 연유에서 그 사람 손에 들어갔는지에 따라 전혀 다른 맥락을 갖게 된다. 예를 들어, 어떤 도시에서 공사를 하는 중에 한국전쟁시기 사용된 것으로 추정되는 미군의 수통이 발견되었다고 하자. 같은 수통이 인천에서, 대구에서, 철원에서 발견되었다면, 보급될 때는 같은 곳에서 다량 납품받아 별 차이가 없는 군용 수통이었을지 모르지만, 누가 어떤 곳에서 어떤 상황에서 사용하다가 버려졌는지에 따라 각각 다른 기록이 된다.

일상(everyday life)이라는 것이 여기나 저기나 비슷한 것처럼 보일지 몰라도, 개개인에게 저마다의 삶이 하루하루 새롭게 펼쳐지듯이 지역마다의 기록은 모두 나름의 사연이 있고, 지역 사람들이 살아온 내력을 이야기 해준다. 때로는 같은 용도의 도구라 할지라도 모양이 다르기도 한데 농기구들이 그렇고, 사투리가 또 그렇다. 무엇이 맞고 무엇이 틀리다고 할 수 있는 문제가 아니다.

지역의 특성을 자연스럽게 담고 있는 기록은 대외적으로 지역의 정체성을 보여주는 기능을 하게 될 것이다. 특히 급격한 변화로 인해 많은 이주민이 새롭게 유입되는 지역일 경우 이와 같이 지역의 정체성을 담은 기록을 공유한다면, 이주민들로 하여금 짧은 시간 안에 지역에 대한 이해를 높이고, 안정감 있게 정착할 수 있는 기회를 제공하게 된다. 또한 그 기회를 통해 토착민과 이주민의 소통, 그리고 정서적 공감대가 늘어나게 될 것이다.

소통

기록은 세대 간의 대화, 계층 간의 대화를 가능하게끔 한다. 1930~1940년대에 태어난 분들은 일제강점기와 해방, 분단과 한국전쟁, 가난과 독재를 극복하고 산업화와 민주화를 이룬 우리 역사의 주역들이다. 세계에는 이런 일을 한 가지도 겪지 않은 나라가 많지만, 우리 어른들은 이 엄청난 일들을 모두 겪어왔다. 또한 이분들의 조부모들은 조선시대에 태어난 분들이다. 조부모로부터 조선시대의 정서로 가정교육을 받고 자란 이들이 디지털환경에서 태어나서 자라는 손주들을 두고 있다. 1930~1940년대 생들이 직간접적으로 경험한 앞뒤로 100여 년의 경험은 간단하게 정리될 수 있는 내용이 아니다. 풍부한 기록과 다양한 이야기를 통해 입체적으로 조망하고 역사화 할 필요가 있다. 국내뿐만 아니라 세계사적으로도 의미 있는 기록이 될 것이다.

특별한 세대의 기억과 기록을 확보하고 활용하는 것은 후세대들이 앞선 세대와 소통하고 이해할 수 있는 기회의 장을 마련해주는 일이 될 것이다. 세대 간의 진정한 소통이 주는 사회적 순기능은 아무리 강조해도 지나침이 없다. 세대뿐만 아니다 지역마다 여러 계층의 사람들이 저마다 자기역할을 하며 함께 살아가고 있다. 다양한 계층의 기억과 기록을 확보하는 것 또한 소통의 도구를 마련하는 중요한 일이다.

소통은 단순히 소통하는 것에서 그치지 않는다. 다른 계층, 세대뿐 아니라 다른 환경과 입장에 있는 사람들 간에 이해의 폭을 넓혀주고, 불필요한 오해와 분쟁을 줄이는 눈에 보이지 않는 사회적 순기능을 한다는 점을 잊지 말아야 한다.

소외 극복

기록을 공유하며 공감의 기회로 삼을 수 있다. 사람들은 누구나 '하루하루 그냥저냥 살지.'라고 생각하면서도 동시에 '나의 삶은 남들과 달라.'라고도 생각한다. 그렇게 살아가는 과정에서 간혹 남들과는 다른 무언가를 크게 느낄 때 소외감을 갖게 되고, 소외는 사회 문제가 되기도 한다. 낯선 곳으로 이사 온 사람들이나 새로운 환경에 놓인 사람들 가운데서 이질감을 느끼며 스스로 소외되는 경우가 종종 있다. 어떠한 매개체나 계기를 통한 소통과 적응의 과정이 없다면 소외를 극복하는 과정에 꽤 많은 시간과 노력이 필요할 것이고, 어쩌면 극복하지 못하고 살아갈 수도 있다.

기록은 소외를 완화하는 도구가 될 수 있다. 직접 설명하지 않아도 사람들이 살면서 겪은 일들을 기록을 통해 공유하고 공감할 수 있는 기회가 주어진다면 불필요한 오해나 그로 인한 소외를 최소화할 수 있다.

기록의 힘은 매우 강하다. 나 그리고 우리가 누군지 존재를 확인해주고, 직간접 대화를 통해 사람과 사람의 마음을 이어준다. 그리고 세상 속에서 나 자신이 불필요한 존재가 아니라는 점을 환기해주면서 삶의 의욕을 북돋아준다. 한 장의 편지가 역사를 바꾸기도 하고, 한 마디의 증언이 진실이라고 알려져 왔던 거짓을 바로잡기도 한다. 기록은 세상을 일구어가는 원동력이다.

04

사라져가는 기억을 기록으로

교훈 없는
삶은 없다

처음 구술 채록을 시작했던 때가 2010년이었던 것으로 기억한다. 서울시사편찬위원회(현 서울역사편찬원)에서 추진한 '서울 사람이 겪은 해방과 전쟁' 구술 작업에 참여했다. 2011년부터 2019년은 구술 채록이 본업이기도 했다. 한국학중앙연구원에서 주관한 현대한국구술사연구 사업에 명지대 소속으로 참여하여 정당정치분야 인사들을 구술 채록하는 일을 했다. 이때 만난 동료들과 대통령기록관, 국회기록보존소, 대법원 공공기관의 구술 프로젝트를 수행하기도 했다. 그리고 여러 지역의 주민 구술 채록을 해오면서 꽤 많은 이들을 만나고 있다. 하면 할수록 깨닫는 점은, 모든 사람의 이야기에 교훈이 있다는 점이다. 그리고 모든 사람의 이야기에 반드시 웃음이 있고, 모든 사람들의 이야기에 눈물이 있다. 예외 없이 모든 이야기에 해당한다. 누구도 웃음이 없는 삶은 없고, 눈물이 없는 삶은 없고, 교훈이 없는 삶은 없다.

그런데 그런 사람들의 이야기를 학교에서 배우는 역사책에서는 찾을 수 없다. 한 사람, 한 사람이 가지고 있는 기억을 기록으로 남기는 것, 그리고 그 내용을 공유하는 것은 매우 소중한 경험을 나누는 일이다. 물론 개인의 생각을 남긴 기록이 다 역사가 될 수는 없다. 기록에 대한 가치판단은 필수다. 모든 기록은 검증도 필요하다. 한 개인의 기억과 경험이 담긴 삶의 이야기도 마찬가지다.

물론 고대시대에도 구술 채록으로 기록을 남기는 일은 있었지만, 기술력이 부족한 관계로 매우 많은 노동이 필요했고, 현대사회와 달리 기록이 권력에 종속되어 있던 시기적 한계 등으로 인해 널리 확산되지는 못했다.

현대로 오면서 유럽에서 본격적으로 활성화된 생애사 구술은 하나의 학문분야로 연구방법론으로 발전해 오면서 세계로 전파되었고, 우리나라에서도 1980년대 즈음부터 생애사 구술 작업이 본격적으로 시작되게 되었다. 지금과 비교하면 관련 학문분야 상황, 기술력, 기록인식, 사회 환경 등 전반적으로 구술 채록을 하기에는 쉽지 않은 상황에서 분야를 개척해온 분들 덕분이다. 이들의 묵묵한 노력은 2000년대로 넘어오면서 가시적인 결과를 보고 있다. 우리나라의 기록 환경이 변화되고, 디지털 기술이 비약적으로 발전하고, 시민들의 의식이 성장하면서 민주주의 정착기로 접어들면서 구술사 연구 분야도 전에 비해 활성화되고 있다.

사람들이 살아온 바와 살아가는 바를 '기록'만으로 모두 입증하기는 불가능하다. 세상에 필요한 기록이 모두 적확하게 생산되어 보존, 관리되고 있다고 볼 수 없기에 기록의 결실 및 부재를 보완할 필요가 있다. 설령 '기록'이 있다 하더라도 모두 진실성을 갖추고 있다고 단정하기도 어렵다.

여기에 기존의 역사 서술이 중앙, 권력, 기득권 중심으로 이루어졌다는 점의 한계가 공감되면서, 그간 소외되어 왔던 영역을 역사의 대상 분야로 여기는 경향이 늘어가고 있다. 그 일환으로 개인의 삶과 일상의 가치를 반영한 기록은 물론이고 구술 기록 또한 중요한 기록으로 자리 잡아 가고 있다. 구술사 연구가 그 효용성을 인정받으면서, 구술 채록 내용이 역사자료로 활용되고 있기도 하다.

구술 채록한 내용은 한 사람의 머리와 가슴속에 있던 것을 밖으로 드러내는 과정을 거쳐 세상에 나오게 된다. 그렇게 하지 못한 채 한 사람이 세상에서 사라지면 그 기억과 경험도 사라지게 된다. 한 사회의 가치 있는 기록을 잘 확보하려면 공공영역과 민간영역 두루 기록을 체계적으로 확보해야 한다. 기록뿐만 아니라 구성원들의 기억과 경험을 남기려면 구술 채록이 더욱 활성화되었으면 한다. 공공영역의 기억과 기록은 대체로 행정적, 역사적, 증거적 가치 측면이 강조되고, 민간영역의 기억과 기록은 문화적 측면을 담당한다.

구술 채록의 유래와 최근 동향

구술사 연구를 하는 전문가들이 있다. 주로 문화인류학을 비롯하여 역사학, 사회학, 정치학, 여성학 등 많은 전공분야 전공자들이 구술사 연구를 수행하고 있다. 동시대 사람들이 자신의 기억과 경험을 발화한 구술 내용을 재료삼아 연구한다. 최근에는 전문 연구자가 아닌 경우에도 주민들이나 관심 있는 사람들이 면담자가 되어 여러 사람들의 경험과 기억을 기록으로 만들어 내고 있다.

사람의 말을 글로 옮기는 작업은 아주 오랜 역사를 지니고 있다. 근대에 들어 구술 기록이 본격적으로 하나의 연구 방법으로 채택된 것은 20세기 초 영국에서 시작되었다고 한다. 이른바 하층민들도 동시대인으로서 국가를 구성하고 일익을 담당하는 주체임에도 불구하고 역사서술에서 배제되어 있는 현상에 문제의식을 느꼈던 것이다. 이들의 삶을 역사의 무대로 진입하게 하고자 하는 취지와 직접 쓰지는 못하더라도 말하는 것을 통해 기록을 남기는 구술 채록 방법에 대한 공감대를 얻어갔다.

구술사 연구의 취지는 특별하고 뛰어난 위인들이 아니라 일상을 살아가는 평범한 사회구성원들의 목소리를 역사의 재료로 만드는 작업에서부터 시작된 것이다. 그렇게 시작된 작업이 파급력을 일으키며 유럽사회에 급속하게 퍼졌다. 오래 지나지 않아 1930년대에 미국으로도 전파되었다. 그렇게 서구에서 구술사 연구가 보편화되었는데 우리나라에는 1980년대에 들어서야 비로소 구술사 연구가 시도되었다.

1980년대 대한민국은 정치적 혼란에 의한 격변기의 연속이었다. 박정희 독재정권이 무너지고 전두환의 독재정권으로 이어지면서 민주주의 실현에 대한 갈증이 지속되어왔고. 대통령을 직접선거로 뽑자는 국민의 요구가 1987년을 기점으로 거세게 일어나며 결국 대통령직선제가 부활되었다. 이러한 민주주의 성장의 격동 시기에 우리나라 학계에서도 이른바 하층민들, 피지배계급의 목소리에 좀 더 직접적으로 귀 기울여야 한다는 목소리가 커졌다.

하지만 구술 채록은 매우 고단한 작업이다. 누군가를 만나서 인터뷰를 하려면 그 사람에 대한 기초 지식을 갖춘 채 만나야 한다. 기초 지식을 얻는 것이 다가 아니라 충분히 공부를 하고 질문할 내용을 준비해야 한다. 따라서 질문지도 만들어야 하고, 또 만나서 얘기할 때도 몰입해서 정성껏 들어야 하며, 들으면서 내용을 모두 메모할 수 없으니 녹음이나 녹화를 하게 되고, 인터뷰가 끝나면 음성이나 영상을 통해 녹취문을 만들어야 한다. 녹취문 작업은 시간도 많이 걸리지만, 녹음된 내용을 집중력 있게 반복해서 들어야 정확하게 문자로 바꿀 수 있다.

이렇게 확보한 내용으로 연구 성과를 내려면 또 오랜 시간이 소요되는데 연구 성과가 생계로 이어지지는 않는다. 그런 연유로 우리나라에서 구술 작업이 본격적으로 시작되던 1980년대부터 중요한 방법론으로 주목 받았지만 활성화되지 못했다. 연구자의 헌신에 의존하는 힘겨운 연구가 반복되었다. 그렇게 시간이 지나 1999년에 공공기록물관리법이 제정된 뒤 우리나라에서 기록을 발굴하고 정리하는 일이 본격적으로 활성화되면서 비로소 현대사회에 기록물이 현격하게 부족하다는 사실에 직면한다. 그때부터 대한민국 현대사의 역사적인 순간을 겪어온 이른바 '산증인'들의 경험을 연구하는 '구술 프로젝트'들이 여러 기관에서 매우 많이 추진되었다.

가령 한국사편찬위원회, 한국학중앙연구원, 또는 외교통상부나 문화체육관광부 등의 부서에서 특정한 프로젝트에 대해 중요한 인물을 선정하여 필요한 내용을 기록물로 만들 것을 발주하면, 외부 연구자들이 현장에 나가 작업을 시작한다. 연구자들 입장에서는 비로소 재정 지원을 받을 수 있는 연구 프로젝트가 생긴 것이다. 이는 이전에 비해 구술사 연구 및 구술 채록이 활발해진 데 일정한 영향을 주었다.

2000년대에 들어 공공영역에서 본격적으로 연구가 시작되었다면, 2010년대에 들어서면서 전국 각 지역의 마을 공동체에 대한 관심과 활동이 늘어나면서 자연스럽게 민간영역, 즉 공동체 내부에서도 우리들의 이야기를 우리들의 목소리로 직접 기록하고자 하는 작업들이 서서히 진행되었다. 기존 연구자들은 자신의 학문분야 또는 구술 인터뷰 경험 등을 통해 배웠던 것들을 민간영역과 공동체에서 구술 활동을 하는 사람들과 나누게 되었다. 전문가들이 작업을 어떻게 진행하는지 이야기를 나누고, 민간영역에서 전문가들과 똑같이 할 수는 없으니 원칙을 잃지 않으면서, 간소하게 할 수 있는 방법을 모색하면서 다양한 시도가 있었다.

기억을 기록으로 만든다는 것은 얼핏 생각하면 정말 단순해 보이지만, 생각보다 훨씬 복잡하고 어려운 작업이다. 또한 구술자가 발언한 내용을 잘 남기는 것도 중요하지만, 형식요건을 잘 갖추는 것이 매우 중요하다. 구술 아카이빙이 필요한 이유이다.

구술 채록과 구술사 연구에 점점 매력을 느끼기 시작하던 2011년 즈음 우연히 서점에서 알게 된 미국의 '스토리코어(StoryCorps)'는 매우 신선한 충격을 주었다. 스토리코어는 2003년에 결성한 프로젝트 그룹으로 뉴욕시 그랜드센트럴 터미널에 부스를 설치하고 시민 구술 인터뷰를 수행해 오고 있다. 인터뷰를 수행해 오면서 축적된 많은 사람들의 삶의 이야기를 엮어 책으로 내는데 그중 〈고마워요 엄마(원제 : Mom: A Celebration of Mothers from StoryCorps)〉라는 제목으로 번역되어 우리나라에 출간된 그들의 두 번째 책을 보았던 것이다.

　그들은 차분하게 동시대를 살아가는 보통사람들의 이야기를 인터뷰해서 기록으로 남기고 있었다. 해를 거듭하면서 구술 채록 방법도 진화하여 마련된 부스에서 인터뷰를 하는 것은 물론이고, 구술 인터뷰 스튜디오를 탑재한 차량을 마련하여 전국을 순회하며 홍보와 함께 인터뷰를 한다. 또한 시민들이 스스로 인터뷰를 할 수 있게 인터뷰 역량과 구술 기록 생산 능력을 갖추도록 하는 교육도 진행하고 있다. 창립 20주년을 맞이한 현재 64만 명이 넘는 미국 시민을 인터뷰한 기록을 확보하고 있으며, 그 구술 기록은 구술자와 의회도서관에도 공유한다.

스토리코어 스튜디오에서 인터뷰를 하고 있는 사람들
출처 : https://storycorps.org (2023.12.08)

스토리코어의 구술 채록과정, 구술 내용 및 구술 기록은 책자, 단편 애니메이션으로 꾸준히 재생산 되고 있으며, 팟캐스트를 통해 방송도 하고 디지털 플랫폼에서 서비스를 하는 등 전 세계적으로 가장 활발한 보통사람들의 이야기 아카이브 역할을 하고 있다. 스토리코어의 도전은 단순히 양적인 성과로만 평가할 수는 없을 것이다. 그들이 추구하는 가치 즉, 공감과 연민을 확대하여 미국을 살아가는 보통사람들의 경험과 기억을 공유하고자 하는 노력은 세계에 잔잔한 울림을 주고 있다. 이들은 꾸준히 후원을 받아왔는데, 취지에 공감하는 개인과 기관에서 활발하게 후원을 하고 있다.

지역을 다니면서 시민들 인터뷰하는 스토리코어 이동 스튜디오
출처 : https://storycorps.org (2023.12.08)

세상을 바라보는 따뜻한 시선, 아카이브

디지털 생활사
아카이빙 사업

　우리나라에서도 미국의 스토리코어와 같은 일을 추진하면 좋겠
다는 희망을 갖고 있던 터에 문화체육관광부에서 디지털 생활사
아카이빙 사업을 추진하였다. 이 사업은 지역의 생활사, 사회 · 경
제 · 문화적 사건 등을 지역에 거주하는 일반 주민들이 구술 채록 하
는 것을 지원할 목적으로 계획되었다. COVID-19가 창궐하던 시기
에는 '코로나 시기'의 일상과 극복과정을 인터뷰 하는 것도 중요했
다. 정부보조금을 받아 민간기관이 운영하는 형태로 진행되었는데,
(협)아카이빙네트워크연구원이 운영자로 선정되었다.
　주요 사업내용은 '지역의 주민을 생활사 기록가로 선발, 교육 후
구술 채록 활동을 지원하여 지역 내 가치 있는 생활사 기록물을 생

산·관리하는 것'이고, 사업 세부내용은 다음과 같았다.

- 생활사 기록가 선발
- 생활사 기록가 교육
- 생활사 기록가 구술 채록 활동 지원
- 구술 가이드라인 개발 및 구술 기록 검수
- 구술 채록 기록물 관리 취합
- 사업관리 및 홍보

당초 전국적으로 할 계획이었으나, 첫해에 그럴 만한 여건을 마련하지 못하여 부산, 대전, 광주, 군포, 철원의 5개 지역을 대상으로 시작했다. 기록 활동에 참여할 주민들이 있는지, 유사한 사업으로 예산지원을 받은 적이 없는 지역인지 등을 살피고 광역과 기초를 안배하여 지역을 정하게 되었다. 생활사 기록가는 공모절차를 거쳤는데, 서류심사 및 면접심사를 통해 선발했다. 적극성, 컴퓨터 활용능력, 사업 이해도, 의사소통 능력 등이 선발 기준이었다. 특히 해당 지역 주민으로서 청년과 경력단절여성을 우선 선발하였다.

운영주체로서 (협)아카이빙네트워크연구원은 일상과 공동체에 대한 의식 확산, 지역의 문화자원으로서 구술 기록 확보, 생활사의 중요성에 대한 사회적 공감 확산 등을 사업의 목표로 설정하였다. 사업과정에서는 주민역량강화, 양질의 문화자원 확보, 합리적인 예산 배분과 집행을 최대한 신경 쓰며 운영했다. 눈에 보이는 결과물도 중요하지만 이 사업에 참여하는 일상을 살아가는 보통 사람들이 생활사 기록가와 구술자로서 경험한 바가 체화되어 개개인의 역량으로 남게 되는 것이 아주 중요한 성과라고 보았다. 보통 사람들이 구술 채록한다고 해서 가진 역량만큼 맘대로 할 것이 아니라, 교육과 실습을 통해 전에 갖지 못했던 역량을 갖추게 하고 이를 발휘하여 양질의 결과물을 내는 것도 중요했다. 국민들이 낸 세금으로 이 중요한 일을 하는데 주어진 범위 내에서 최대한 알뜰하고 효율적으로 예산을 집행하는 것도 신경 써야 할 일이었다.

여러 지역에서 동시다발적으로 벌어지는 일을 효율적으로 관리하기 위해서 관리조직을 중앙과 지역으로 이중화하였다. 중앙관리자는 사업총괄관리자 및 사업관리인력, 형식검수, 내용검수 등으로 역할분담을 하여 조직을 구성하고, 지역별로 전담 관리자를 1~2인 배치하였다. 이들은 관리자 전체회의, 중앙관리자 회의 등을 정기·비정기적으로 운영하며 협의해 나갔고, 지역관리자들은 '관리'의 역할보다는 지역의 생활사 기록가들과 실시간 호흡하는 활동을 하였다.

교육은 총 8강으로 진행했고, COVID-19 상황임을 감안하여 대면/비대면 방식을 병행해서 운영했고, 방역수칙에 대한 교육을 수행했다. 또한 문체부에서는 성폭력·성희롱 예방교육을 권고하였으므로 유관기관의 협조를 받아 본 교육 8강과는 별도로 전문강사를 초빙하여 교육을 진행하였다. 5개 지역 각각 교육이 진행되었으므로, 총 40회의 강의가 진행되었다.

교육의 중심 내용은 생활사 기록가들이 구술 채록에 대하여 충분히 이해할 수 있도록 하고, 구술 채록 방법을 익히게 하는 것이었다. 이와 함께 일상·공동체·지역 아카이빙의 의미, 우리나라 기록관리의 역사와 현황 등도 교육내용에 포함하여 아카이빙에 대한 폭넓은 시야를 갖고 생활사 기록가로 활동할 수 있도록 돕고자 하였다. 한편 생활사 기록가들이 녹취문뿐만 아니라 요약문 작업도 직접 수행하기로 해서, 글쓰기 작업이 낯선 분들을 위해 '글쓰기 수업'도 1회 포함시켰다.

당초 교육을 이수한 분들에게 수료증 및 생활사 기록가 활동기간 사용할 신분증을 지급할 계획이었으나, 문제부에서 난색을 보여 실현되지 못하고 홍보용 책자에 생활사 기록가 이름을 기입하는 것으로 대체하였다.

전체 5개 지역에서 150명의 생활사 기록가가 활동하는 것을 목표로 하였다. 선발 시에는 약 1.5:1의 경쟁율을 기록하며 150명 선발되었지만, 과정 중에 중도 포기한 경우가 발생하여 결과적으로 130여 명 활동하였다. 포기 이유는 취업, 활동의 어려움, 이주 및 기타 개인적인 상황변화 등이었다.

생활사 기록가들은 5개월(6월~10월)동안 매월 1명의 구술자를 인터뷰하고 산출물을 제출하는 것을 목표로 활동했는데, 교육내용을 토대로 구술자 섭외, 질문지 작성, 음성 녹음(및 영상촬영), 녹취문 및 요약문 작성, 부대서식 작성 등의 과업을 수행했고, 이들 결과물을 취합해서 제출하면 검수 후에 활동비를 지급하는 방식으로 운영하였다. 질문의 내용은 크게 지역살이와 코로나 시기의 일상으로 정하고 이 범주 안에서 구술자의 특성을 반영하여 인터뷰를 진행했다. 생활사 기록가들은 구술 인터뷰 경험이 전혀 없는 분들이 95% 이상이었는데, 기대한 것보다 성과적으로 수행하였고 시간이 지남에 따라 산출물의 질이 향상되는 것을 확인할 수 있었다. 일부 능력이 뛰어난 생활사 기록가들은 관리자와 협의하여 한 달에 1건 이상의 인터뷰를 수행한 경우도 있었다.

결과적으로 713건의 인터뷰를 진행하였고 총 구술 시간은 1,244시간이다. 양적으로 비교할 때 전문가들이 수행하는 타 구술 사업에 비해 부족하지 않다고 판단된다. 무엇보다 중요한 것은 양적 성과뿐만 아니라 관리자, 구술자, 생활사 기록가들의 역량이 축적되었다는 점이다.

그해 12월에 713명 구술자의 인터뷰 내용을 요약하여 사례집을 발간하고 성과공유회를 하는 것으로 2021년 사업을 마무리했다. 이 사업의 가장 중요한 의미는 '2021년 코로나 시기 대한민국에서 보통의 일상을 살아가는 보통의 시민이 보통의 시민들을 인터뷰'했다는 점이다. 또한 이런 일이 가능하도록 처음으로 사업을 설계하였고, 수행하는 과정에서 겪는 시행착오를 즉시 보완할 것은 보완하고 장기과제는 남겨두면서 사업의 전형을 마련했다는 점도 첫해 사업의 성과이다. 내용적으로는 대도시, 중소도시, 농촌 등 다양한 지역의 보통 시민들의 삶과 사고가 고스란히 남았다는 점도 빼놓을 수 없는 중요한 점이다. 첫해 사업을 마무리 하면서, 문체부 담당자들과 소통의 한계가 매우 큰 벽으로 다가와 다음 해에 이어서 도전하지는 않기로 결정했지만, 어떤 주체가 이어가더라도 첫해의 시행착오를 참고해 지속적으로 사업의 결과가 누적되는 것은 중요하다고 생각했다.

2021년 디지털생활사아카이빙 사업 진행시 제작한 카드뉴스 중 일부

어려웠던 점을 들자면, 문화체육관광부의 담당자들과 대화하는 데 있어서 의논과 협의보다는 지시와 전달 위주의 낯선 소통방식을 보여 원만하게 소통을 하기 어려웠다. 또한 사업에 참여하는 주

민들을 함께하는 사업의 주체로 여기기보다는 활동기회를 제공하고 활동비를 지급하는 대상으로만 여기는 입장을 보였다. 이에 따라 생활사 기록가들에 대한 일하는 환경 마련, 구술자에 대한 예우, 예산 집행의 합리성, 의사소통 내용과 방식 등에 있어서 전반적으로 원만하지 못했다고 평가한다. 또한, 아카이빙이라는 이름에 걸맞게 생산기록을 안전하게 관리, 보존하고 많은 시민들과 공유할 체계를 마련하는 것이 반드시 필요한데 그 중요성에 대한 인식의 차이가 매우 컸다. 그럼에도 불구하고 이 사업에서 이룬 중요한 성과를 정리하면 다음과 같다.

국가 차원의 일반인 구술 기록 생산

그간 국가기록원, 대통령기록관, 국사편찬위원회, 한국학중앙연구원을 비롯하여 여러 국가기관에서 구술 채록을 해온 바 있으나, 대부분 전문 연구자가 사회적 명망가 및 일반인을 대상으로 인터뷰하는 방식이었다. 그러나 이 사업은 일반인들이 참여하여 교육과 실습을 이수한 후 '생활사 기록가'로서 자격을 부여받은 후 자신들과 비슷한 삶을 살아가는 보통 사람들을 인터뷰하는 방식이었다. 이는 의미와 가치를 인정받고 있는 구술 기록을 국가차원에서 이전에 비해 광범위하게 확보할 수 있는 가능성을 보여주었다는 데 의미가 있다. 특히 문화체육관광부에서 주관하며 국가적 기록으로 확보하였기 때문에, 향후 구술 기록이 국민들 사이에서 원활하게 활용될 때 그 효용성이 더욱 커질 것으로 기대할 수 있다.

주민 문화역량 제고

생활사 기록가 선발과정과 참여자 설문조사에서 확인한 바, 절대 다수의 참여자가 아카이빙 활동 경험이 없었으나, 본 사업을 통하여 구술 인터뷰 및 기록화를 스스로 수행할 수 있는 역량을 갖추게 되었다. 구술 인터뷰를 성사하기 위해서는 우선 잠재적 구술자를 선정하고 목록화 한 뒤, 한 사람 한 사람 접촉하여 인터뷰 동의를 얻어 구술자를 선정하는 절차를 거쳤다. 구술자에 적합한 질문을 준비하여 구술자와 생활사 기록가가 함께 검토하면서 상호 교감을 형성하기 시작하고, 시간과 장소를 정해 인터뷰를 수행했다. 인터뷰 과정에서 사진 파일, 음성 파일 및 영상 파일을 생산했고, 인터뷰 후 생산된 파일을 확인하며 녹취문을 만들고 이를 요약하여 요약문으로 정리했다. 구술 아카이빙에 필요한 서식을 작성하고 취합하는 일련의 과정을 생활사 기록가 스스로 해냄으로써 추후 유사한 활동을 할 수 있는 역량을 갖추게 되었다. 이는 생활사 기록가를 대상으로 한 설문조사에서 확인된 바와 같이 스스로 아카이빙 역량을 갖추게 된 점에 대하여 자부심을 느끼며(90%) 향후 유사사업에 참여하고자 하는 의사가 매우 높게(87%) 나타났다.

양질의 문화자원 확보

본 사업 구술자들의 연령을 살펴보면 50대 이상이 52% 가량이었다. 우리나라 현대사의 특성상 80대 이상은 일제 강점기 즉, 식민지 상태에서 태어났고, 조선시대 정서를 갖고 있는 조부모와 부모 세대의 영향을 받으며 성장했다. 70대는 분단과 6.25 전쟁의 극한상황과 세계 최빈국의 상황을 경험한 세대이다. 또한, 5~60대는 학창시절에 독재를 경험하고 산업화와 민주화를 동시에 이루어 나가는 시기를 살아왔다. 이처럼 다른 나라에서는 경험하기 어려운 우리나라만의 특별한 기억과 경험을 기록물로 생산함으로써 문화적 가치는 물론이고 사회사적 가치를 지니는 문화자원을 확보하게 된 것은 큰 의미가 있다.

지역문화 활성화

이 사업은 당초 기획한 바대로 주로 '지역에서의 삶', '코로나 시기의 일상'을 소재로 인터뷰를 수행했다. 이 중 지역에 대해서는 지역의 현안 문제, 지역 정체성의 고민, 지리환경 요소 등 다양한 특징이 드러나는 것을 확인할 수 있었다. 예를 들어 부산의 경우 조선업, 해운대, 온천, 신발공장, 신공항, 핵발전소 등의 키워드가 많이 등장하고, 철원의 경우 오대쌀, 접경지역, 대북방송, 군인, 수복지구, 6.25전쟁, 두루미, 한탄강 등의 키워드가 많이 등장한다. 이 사업을 통하여 지역 주민 간에 자연스럽게 지역의 이야기를 나누면서 지역의 정체성과 미래를 생각하고 건강한 지역문화를 일구어가는 토대를 마련하는 계기가 되기도 하였다.

이러한 성과가 있는 반면에 이후 사업을 지속할 때 풀어나가야 할 과제가 있는 것도 사실이다 이를 정리하면 다음과 같다.

관련기관 간 협력

우리나라 국가기관 중에는 이 사업에서 생산한 것과 같은 국민들의 '생활사 기록'을 다루는 기관이 다수 있다. 국가기록원, 국립민속박물관, 국사편찬위원회 등 여러 곳에서 유사업무를 수행하고 있는 관계로 중복업무방지 및 업무효율을 높이기 위하여 상호 협력이 필요하다. 특히 우리나라의 중앙기록물관리기관인 국가기록원(행정안전부 소속)과의 긴밀한 협력이 필요하다. 국가기록원은 정부와 공공기관의 기록물관리를 주로 담당하는 것으로 인식되어왔지만, 국가적 기록관리 정책을 총괄하고 민간기록에 대한 수집, 관리를 담당하는 아카이빙 전문 국가기관이다.

국가차원에서 시행착오를 줄이고, 중복사업을 지양하며 효율적인 아카이빙을 위해서 관련기관 간 협의가 반드시 필요하다. 또한, 다양한 전문역량이 협력하여 시너지를 높이기 위해서도 필요하다. 이를 통해 국민들이 원활하게 국가 문화자원을 활용하는 환경이 마련될 수 있을 것이라고 본다.

아카이빙 체계 마련

이 사업에서도 단순히 인터뷰하고 음성파일이나 영상파일만을 제작한 것이 아니라 동의서, 녹취문, 요약문, 면담일지 등 다양한 부대기록을 생산하여 완결성 높은 구술 기록을 생산했고, 향후 활용성을 제고했다. 향후 '디지털 생활사 아카이빙' 사업이 성공적으로 이어지기 위해서는 생활사 기록가들이 생산하는 구술 기록이 획득단계에서부터 활용에 이르는 모든 단계가 체계적으로 이루어지도록 하는 것이 반드시 필요하다. 이번 기회에 디지털 생활사 아카이빙 사업의 결과물을 아카이빙 하는 체계를 갖춘다면 향후 사업부터는 훨씬 더 안정적으로 운영할 수 있을 것이다.

서비스 활성화

기록을 관리한다는 것, 즉 아카이빙 하는 이유는 많은 사람들과 공유하고 활용하기 위해서다. 모든 기록은 활용될 때 그 가치가 배가된다. 구술 기록의 경우 이용자들이 녹취문, 구술 음성파일 및 영상파일을 원상태 그대로 활용하는 경우도 있을 수 있고, 관심 있는 부분의 내용만 선택적으로 사용할 수도 있다. 한편, 구술 기록을 재가공하여 2차, 3차 콘텐츠를 생산하여 이용자들에게 서비스할 수도 있을 것이다. 이용자들이 구술 기록을 원활하게 사용할 수 있으려면 적합한 서비스 환경을 구축하고 이를 널리 홍보하는 것이 필요하다. 또한, 제공되는 내용을 일방적으로 향유하는 것이 아니라 제공되는 서비스에 대한 소감 작성 공모, 구술 기록을 활용한 콘텐츠 창작 공모 등 이용자들의 다양한 참여 기회를 제공하는 양방향 서비스 구조를 갖추는 것도 필요하다고 본다. 이후 문체부에서는 같은 이름의 사업을 계속하고 있는데 양적규모는 축소된 것으로 알고 있다. 현재 한국문화원연합회 홈페이지를 통해 결과물의 일부는 서비스되고 있다. 앞으로 명실상부한 아카이브 체계를 갖추고 수집에서 관리 및 서비스에 이르는 과정을 통해 기록이 활발하게 공유되기를 기대한다.

좋은 인터뷰를 위한
몇 가지 제언

사람이 마주앉아 이야기를 나누고 기록을 남기는 일은 면담자, 구술자는 물론이고 진행, 촬영, 기록물 작성 등에 참여하는 모든 이들에게 소중한 경험이다. 많은 이들의 수고를 필요로 한 구술 작업의 결과가 노력만큼 성과적으로 나왔으면 하는 마음에서 나름대로의 경험을 통해 얻게 된 몇 가지 내용을 소개하고자 한다.

구술 채록 과정에서 라포(rapport)를 형성하는 것은 매우 중요하다. 구술자가 면담진을 신뢰하면서 안정감 있는 상태에서 자신의 기억과 경험을 소개하는 것이 관건이기 때문이다. 처음에 구술 인터뷰를 요청하는 연락을 할 때부터 라포 형성은 시작된다. 예의를 갖추고 성의 있게 인터뷰를 요청하고 수락한 다음에는 질문할 내용을 정성껏 준비해서 구술자와 교감한다. 질문을 준비하려면 구술자에 대한 정보가 필요한데, 명망가들은 인터넷에서 삶의 내력에 관한 정보를 쉽게 구할 수 있지만, 보통사람들은 그렇지 않다. 이럴 때는 사전 면담을 통해 기본적인 삶의 내력을 먼저 청취하고 그 내용을 바탕으로 질문을 마련하는 것이 좋다.

질문지는 작성된 대로 대화하는 시나리오가 아니다. 구술자와 면담자가 어떠한 이야기를 나눌 것인지 거리를 준비하는 것이다. 구술자가 보기에 누구에게나 물어볼 수 있는 형식적인 질문들이라면 별 감흥이 없을 것이고, 본인에게 꼭 인터뷰를 청한 이유가 있었다는 것을 느끼게 하는 질문지라면 인터뷰에 임하는 자세가 훨씬 적극적이 될 것이다.

인터뷰 시간은 한 회에 두 시간, 부득이 많이 하더라도 세 시간을 넘지 않도록 하는 게 좋다. 대부분의 구술 인터뷰 경험자들이 그렇게 권하는 것은 체력, 집중력 등을 감안해서 내린 종합적인 판단이라고 본다.

인터뷰를 진행할 공간을 선정하는 것도 간과해서는 안 된다. 과거에는 구술자 자택에서도 종종 하곤 했는데, 최근 사회적 분위기가 타인의 가정에 방문하는 걸 조심스러워 하는 분위기라서 안정적인 공간을 확보하는 게 중요하다. 중요하게 생각해야 할 것은 구술자가 편안한 장소. 소음이 없는 장소를 구하는 것이다. 구술자가 편안하지 않으면 원활한 대화가 어렵고, 또한 소음이 많으면 녹음 내용을 들으며 녹취문 등 구술 기록을 작성하는 데 어려움이 따른다.

물론 구술자가 자택을 허락한다면 최선이다. 구술자가 먼저 자택으로 초대하는 경우라면 가장 좋고, 혹은 연구자 쪽에서 요청해 볼 수도 있다. 물론 구술자가 부담을 갖지 않도록 조심스럽게 요청해야 한다. 특히 영상물을 촬영하는 경우 여럿이 방문하게 되므로 구술자의 가족에게 불편을 초래하기 쉽다.

주변에 공동체 공간이 있으면 회의실 같은 곳에서 인터뷰를 하는 것도 좋다. 사정이 여의치 않을 경우 카페를 이용할 수도 있지만, 보통 음악이 흐르기 때문에 녹음 환경으로 적합하지 않다. 그냥 들을 때는 잔잔한 음악일지 몰라도 나중에 구술 내용과 함께 녹음된 것을 들으면 소음일 수가 있다. 만약 카페를 이용한다면 '스터디카페'가 음악이 없어 적합하다. 이 경우 비용이 발생하므로, 가급적 주민자치센터나 지역문화기관 등의 협조를 구해 공간을 이용하는 것이 경제적이고 안정적인 선택이 될 수 있다.

인터뷰 시작할 때 잊지 말아야 할 것은 동의서를 작성하는 일과 시작멘트를 녹음하는 일이다. 구술자의 동의하에 진행되는 인터뷰임을 명확히 하고, 구술 채록 결과를 이미 공지된 목적에 따라 활용해도 된다는 동의를 구하는 서식을 반드시 작성해야 한다. 인터뷰 시작 시점에 면담자가 해당 인터뷰의 기본 정보 즉, 언제, 누가 누구를, 어디서, 왜 인터뷰하는지 말하여 녹음되도록 하고 이어서 인터뷰를 시작하는 게 좋다. 특수한 사정으로 녹음(또는 녹화) 파일의 맥락정보를 남기지 못하거나, 관리를 잘못해서 정보가 분실되더라도 파일에 녹음된 내용을 통해 어떤 인터뷰인지를 확인할 수 있게 하는 보완적 장치이다.

구술 인터뷰를 진행할 때 제일 먼저 갖추어야 할 것은 경청하는 자세이다. 면담자가 자신의 견해를 앞세워 구술자의 발화에 끼어들어서는 안 된다. 인터뷰가 원만하게 진행될 수 없으며, 구술자가 감내하고 인터뷰를 지속한다 하더라도 이미 심적 위축을 느꼈기 때문에 편하게 발언하기 어려울 것이다. 구술자를 존중하는 자세로 그의 말을 경청하며 신중하게 대해야 한다. 간혹 면담자의 질문에 부합하지 않는 말을 이어간다고 생각될 경우에도 이내 개입하여 발언을 중단하지 말고 무슨 이유가 있어서 이런 이야기를 하는지 한동안은 들어 보는 것이 적절하다. 질문 내용을 잘못 이해한 것으로 확실해지기 전까지는 구술자의 발언을 막지 않는 게 좋다. 질문을 잘못 이해했을 수도 있지만, 어떤 연관성이 있어서 하는 이야기일 수도 있다. 질문을 잘못 이해한 경우라면 구술자의 발언이 일단락 된 후에 다시 질문하면 된다.

인터뷰에 대해 사람들이 흔히 갖고 있는 편견이 있다. 인터뷰이(구술자)는 결코 솔직하기 어렵고 자신에 대한 이야기를 스스로 미화하여 말할 것이라는 생각이다. 그러나 사람이라면 누구나 자기 자신에게조차도 완벽하게 객관적일 수 없는 법이다. 고해성사를 하는 사람조차 특정한 대목은 굳이 말하지 않고 숨길 수도 있으며, 설령 혼자서만 보는 일기를 쓴다고 하더라도 자신에 대한 모든 것을 진실하게 적는 사람이 과연 있을까?

따라서 구술 인터뷰를 통해 기록을 남긴다는 것의 핵심은, 구술자로부터 '객관적 사실'을 듣는 것이 아니라, 구술자의 기억과 경험에 남아 있는 서사를 확보하는 것이다. 구술자 발언내용에 오류나 거짓이 있더라도, 그렇게 기억하는지 왜 그렇게 말하는지도 구술 연구의 대상이기 때문이다. 연도나 이름 등을 착각하는 단순한 오류는 1회 정도 가볍게 정정해 드릴 수 있지만, 이 또한 구술자가 착각한 내용을 확신한다면 논쟁하거나 가르치려 들어서는 안 된다. 객관적 사실관계는 인터뷰 현장이 아니어도 바로잡을 기회는 있다.

구술 생애사 인터뷰와 언론 인터뷰의 가장 큰 차이점은, 언론 인터뷰의 경우 기획의도에 따른 인터뷰를 추구하지만, 한 사람의 생애를 기록하는 인터뷰는 열린 마음과 자세로 경청해야 한다. 간혹 면담자의 견해 혹은 가치관과 충돌하는 부분이 있더라도 구술자의 발언을 일단 들어야만 한다.

동일한 구술자를 수차례 인터뷰하게 되면, 자연스레 친밀한 관계를 맺게 된다. 구술자의 인생사 하나하나를 집중하여 경청하다보면 자연스럽게 인간적으로도 가까워지는 것이다. 다만 유의해야 할 점은, 우리는 기록자로서 작업을 수행하는 것이지 친분을 쌓기 위해 인터뷰를 진행하는 게 아니라는 점이다. 중립을 지키지 못하고 사사로운 정을 쌓게 되면 오히려 곤란해지는 경우가 생길 수 있다.

2014년 4.16 세월호 참사 후 유가족 구술 인터뷰를 하던 중 내가 해야 할 인터뷰를 다 하지 못한 채 다섯 분 인터뷰하고 중도에 포기한 적이 있다. 또래의 자녀를 둔 또래의 부모로서 평정심을 갖고 인터뷰를 이어가가기 어려웠다. 감정이 요동쳐서 인터뷰가 자주 중단

됐다. 중도에 포기하던 심정은 미안함과 자책으로 어려웠지만 시간이 지난 지금 생각해 보면 그때 계속 했어도 원만하게 해냈을 것이라는 확신은 없다. 서로 크게 다르지 않은 마음들이었지만 먼저 그만두게 되어 당시 했던 선후배들에게 미안했던 마음은 지금도 지울 수 없다.

스스로 그런 경험이 있음에도 교과서적인 얘기를 할 수밖에 없다. 다양한 처지와 삶의 내력을 지닌 분들을 만나서 인터뷰를 하다 보면 가끔 괴롭고 곤란한 경우가 발생할 수 있다. 중심을 잡고 기록자로서의 직무에 전념해야 한다.

간혹 이런 질문을 받을 때가 있다. '구술 인터뷰'와 '심층면담'은 어떻게 다른가? 일단 근원부터가 다르다. FGI 즉, 심층면담은 주로 마케팅의 일환으로 시작되었다고 한다. 소비자들의 욕구, 상품에 대한 구체적인 평가를 듣고 분석하여 상품을 개선하거나 가격을 조정하는데 주로 사용되는 기법이다. 이러한 심층면담은 반드시 1:1로 이루어질 필요 없고, 오히려 여러 사람이 모여 대화를 나눌 때 더 솔직하고 가치 있는 결과를 얻어낼 수도 있다.

반면 구술 생애사 인터뷰의 경우, 여러 사람들을 모아 놓고 인터뷰를 하는 것은 그다지 권할 일이 아니다. 구술하는 집단의 발언권 또는 영향력이 큰 사람이 발언을 주도한다거나, 서로 이견이 발생해서 충돌하기도 한다. 구술자와 면담자 1:1로 인터뷰를 진행하는 것이 바람직하며 경우에 따라 면담자가 복수로 참여해 한 사람이 진행을 주도하고 다른 한 사람은 놓지는 질문이 없도록 보조하는 역할

정도를 수행하기도 한다.

물론 구술자를 도와서 인터뷰에 참여하는 역할도 있을 수 있다. 구술자의 건강이 안 좋다거나, 혼자 인터뷰하는 것에 대한 심적 부담을 크게 느끼거나 할 때 배석할 수 있다.

흑산도 문순득의 '표해시말(漂海始末)'

우리나라 조선시대 문집에서 구술 채록의 흔적을 엿볼 수 있는 내용이다. 이미 EBS에서 다룬 바 있고, 영화 '자산어보'에도 관련 내용이 등장한다.

다산 정약용의 형인 손암 정약전이 흑산도에 유배되어 있던 시절의 일이다. 인근 우이도 주민 문순득이 흑산도 옆 작은 섬에서 홍어를 사가지고 돌아오던 중 표류를 하게 되었다. 가족과 동네 사람들은 모두 그가 죽은 줄만 알고 장례까지 지냈다. 3년여 만에 돌아온 문순득은 실로 많은 경험을 하고 왔다. 풍랑을 만나 표류하다가 처음 도착한 곳은 유구국(琉球國), 지금의 오키나와였다. 여기서 8개

월가량을 지내면서 언어도 배우고 좋은 대접을 받다가 중국으로 가는 조공선을 타고 고향으로 돌아갈 계획으로 몸을 실었다.

그런데 그 배가 다시 풍랑을 맞아 이번에는 필리핀에 도착하게 된다. 이곳은 오키나와와 달라서 편안치 않은 생활을 하게 된다. 필리핀에서 한동안 지내다 다시 중국으로 가는 배편을 이용하여 마카오를 거쳐 중국으로 들어가 난징과 베이징을 거쳐 육로를 통해 고향으로 돌아오게 된다. 그가 돌아오자 주변에 널리 소문이 나게 되고 정약전의 귀에도 들어가게 되었다. 정약전은 문순득을 만나 표류한 내용을 듣고 그 체험담을 날짜별로 기록해서 '표해시말(漂海始末)'이라는 책을 썼다. 구술자 문순득을 면담자 정약전이 인터뷰한 기록이다. 다만 내용이 한자로 기록되어 있고, 문순득의 구술 내용에 정약전의 학자적 해석이 함께 담겨져 있어 현재의 구술 기록과는 차이가 있다.

하지만 그 내용면에서 홍어장수를 하던 평범한 서민 문순득의 눈으로 본 외국의 풍물, 사정, 언어 등의 생활사 자료가 잘 정리되었고, 정약전의 깊이 있는 해석으로 그 의미를 전해준다. 신분의 차이가 있음에도 불구하고 직접 대면하여 희귀한 경험에 귀 기울이고, 이를 꼼꼼하게 기록으로 남긴 것은 현대의 구술 채록의 취지와 상당히 흡사한 면이 있다. 사람에 대한 호기심, 다양성 존중, 기록을 남기고 공유하려는 정신을 엿볼 수 있어서 흥미롭다.

辛酉十二月自牛耳島黑山島一名小東小舶...持貨入...
士島...同舟者余...季父...文淳得李白...
根朴無碍李中原金玉紋...為買洪魚...
壬戌正月十八日解纜向小黑山到弓島西南數百...
忽過大風從西北起為風所驅自小黑山西南...
許里向南行...欲近不得前臨大...
洋眼中不見一點山日又家黑夜深風勢無減五更時...
辰枪...被拐帆不可張乃...其檣繫索於舶尾以...

漂海始末

牛耳...述

어머니 구술 인터뷰

구술 인터뷰를 일 삼아 본격적으로 하게 되면서 문득 나의 부모님을 인터뷰해야겠다는 마음을 갖게 되었다. 타인을 인터뷰하는 일을 하면서 내 부모님을 인터뷰하지 않아서야 되겠는가 싶었다. 아버지는 귀찮다고 하시면서 안 하겠다고 하셨는데, 어머니는 흔쾌히 나섰다. 몇 해 전 아버지가 돌아가셔서 이제는 아버지 이야기를 들을 수 없게 되었다. 생전에 해주셨던 아버지가 살아온 이야기는 내 기억이 흐려지면서 점점 증발될 것이다. 어머니는 4차례에 걸쳐 약 12시간 인터뷰했다. 동료들의 도움으로 영상촬영을 하고 녹취문을 만들었다.

인터뷰를 하기 위해 우선 연보부터 만들었다. 우선 어머니가 생각나는 대로 적고 내가 물어봐 가면서 보완했다. 연표에는 가족관계(부모, 형제, 자녀(손주)), 출생, 학교 다닌 내용, 가족들 상황, 이주관계, 사회 활동 등을 적었다. 연보는 이야기를 이어가는 소재로 사용할 예정이어서 격식에 구애받지 않고, 그다지 체계적이거나 상세하지 않아도 좋다고 생각했다. 서로 생각나는 대로 나열해 보았다.

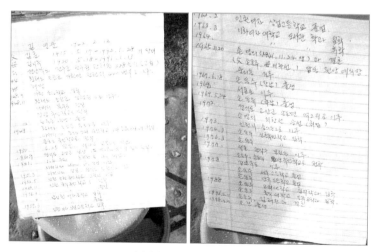

어머니가 직접 작성한 연보 초고

그 연보를 소재 삼아 어머니가 기억하는 가장 오래된 옛날부터 거슬러 올라오면서 하나하나 질문하기 시작했다.

어머니는 1942년 평안북도 정주에서 맏딸로 태어났다. 6.25전쟁이 터지고 1.4후퇴 때 남으로 내려왔다. 태어나서 피난시절인 8살 정도까지의 이야기 일부만으로도 소중한 경험이었다. 어릴 적 지냈던 고향의 산천을 머릿속에 그림처럼 간직하고 있었다. 멀리 보이던 앞산과 냇물의 지형을 허공에 손짓으로 그려가면서 소개하는 것이었다. 내 눈앞에 있는 것처럼 선명하게 다가왔다.

피난 내려오기 전 바로 아래 남동생이 사망해서 어른들이 무덤을 만들어준 이야기, 열여섯 살에 시집 온 엄마의 엄마는 자식이 죽었는데도 무서운 시어머니 눈치 보느라 소리 내서 울지도 못하더라는 이야기를 들을 때는 나를 특별히 예뻐했던 외할머니 생각에 울컥하지 않을 수 없었다.

무엇보다 피난시절 겪었던 이야기는 뭐라 말을 할 수 없을 정도였다. 인민군, 국방군의 검문을 거치는 과정에서 이유도 없이 가족들 앞에서 외할아버지가 겪은 고초, 얼어붙은 한강을 건너며 소가 빠지고, 폭격으로 숨진 엄마의 등에 업혀 울고 있는 아이를 누구도 도울 처지가 못 되어서 "아이구, 저걸 어째!"하면서 그냥 행렬을 이어갔다는 이야기.

그 시절 보통 사람으로서 겪었던 일들이다. 하지만 엄마의 이야기에는 당시 어린아이의 장례를 지내는 풍습, 고부간의 관계 등의 생활사가 담겨 있고, 전쟁이라는 극한 상황에서 사람들이 겪었던 참

2013년 어머니 구술 인터뷰 장면

상이 담겨 있다. 전쟁 때야 다 그렇지 하고 넘어갈 일이 아니었다. "그랬으니…… 전쟁이란 게 또 있으면 되겠어?"라고 가슴 깊은 곳에서 나오는 한숨으로 말하는 어머니를 보면서, 어떤 책에서 본 반전의 논리보다 강렬한 메시지를 읽게 되었다. 엄마 생애사를 인터뷰한 지 10년이 되었다. 추가 인터뷰를 해야 할 때가 된 것 같다.

공동체의 가치를 높여주는 아카이브

마을과 마을
아카이브

일반적으로 민간 아카이빙이란 민간영역에서 생산, 소장하고 있는 기록물을 활용 및 공유할 수 있는 체계와 그것이 유지, 운영되도록 하는 활동을 포괄적으로 의미한다. 공공기관과는 대상 기록과 구체적인 운영측면에서 큰 차이가 있다. 공공기관은 비교적 정형화된 기록을 예측 가능한 범위 안에서 관리하면서 국민에게 서비스해야하는 임무를 갖는다. 이에 비해 민간에서는 다양한 주체가 생산한 다양한 기록을 다루면서, 사정과 형편에 따라 할 수 있는 만큼 기록을 관리하고 공유한다.

기업, 정당, 지역문화원, 도서관, 중간지원조직, 지역이나 가치 중심의 다양한 공동체, NGO(non-governmental organization),

NPO(non-profit organization) 및 개인 등은 공공기록물관리법 적용 대상이 아니다. 지역문화재단은 이들과 같은 범주였으나 최근 법 적용대상 기관이 되었다. 한편, 정당과 대기업은 사회적 영향력, 정부의 지원을 받는 규모 등을 고려할 때 공공기관과 크게 다를 바 없기 때문에 합당한 조치가 필요하다. 즉, 공공기록물관리법의 대상이 아니라고 해서 모두 민간영역으로 간주할 수는 없다는 것이다. 대표적으로 국회의원들은 자신들 하나하나가 국민을 대표하는 입법기관이라고 한다. 그러나 의원실에서 생산, 접수하는 기록은 공공기록물관리법의 대상에 들어 있지 않다. 국가적 기록관리 측면에서 중요한 부분이지만 여기서는 과제라는 점만 짚어두고자 한다.

한편, '민간 아카이브'를 '마을 공동체 아카이브'와 같은 의미로 사용하는 경우가 있다. 학계에서도 그렇게 보는 시각이 있는데 그 또한 적절하지 않다. 민간이라고 하면 법이나 제도 등과는 무관하게 일반인들의 삶과 관계 속에서 자연스럽게 이루어지는 일상과 활동을 의미한다. 민간 아카이브란 공공기록물관리법 적용대상이 아니면서 자발적으로 아카이빙을 하는 모든 곳을 포괄하는 의미로 보는 게 타당하다. 그중 마을 공동체 아카이브가 있다.

마을이란 워낙 오래전부터 익숙한 개념이면서도 딱히 정의하기 어려운 개념이기도 하다. 마을이라는 단어는 기본적으로 이웃과 함께 어우러져 살아가는 생활 단위다. 평범한 사람들이 일하고, 쉬고, 즐기는 장으로서 일상생활의 장이기도 하다. 그러나 근현대 시기 식민지와 개발독재를 거치면서 마을 공동체는 대부분 해체되었고,

성장을 위주로 하는 산업화와 도시화는 개인주의, 상실감, 소외감 등의 폐해를 낳았다. 현대사회의 폐단을 극복하기 위해서 인간성을 회복하고 아래로부터의 변화를 통하여 더불어 사는 사회를 만들어 가고자 하는 노력이 '마을 공동체'라는 이름으로 전국에서 진행 중이다. 물론 도시에서의 이야기이다.

농촌, 산촌, 어촌 지역의 전통 마을은 도시의 마을 공동체와는 사뭇 달리 전통적 질서를 유지하며 일정 부분 지역의 행정을 담당하는 단위로 기능하고 있기도 하다. 공통점이라면 도시형 마을 공동체나 농·산·어촌의 마을 공동체는 모두 이웃과 더불어 사는 공동체를 마을이라고 칭하며, 삶의 기본적인 단위로 설정하고 이를 기반으로 개인과 사회의 관계를 설계하고 있다는 점이다.

마을 공동체의 건강한 복원과 지속을 추구하는 현상은 분명 우리 사회에서 전에 없었던 하나의 운동이자, 변화다. 이러한 변화를 기록하는 일은 마을 구성원들의 일상적 삶의 흔적과 구성원 사이의 관계를 아카이빙 하는 것이다. 일상의 양적·질적 변화는 모두 아카이빙의 대상이 될 수 있다. 마을 공동체를 미래지향적 삶의 대안으로 인식하는 것처럼 마을 공동체 아카이브 또한 미래지향적 설계가 필요하다. '기록은 과거의 것'이라는 착각에서 벗어나 과거는 물론이고 현재를 담아 미래를 설계하는 나침반의 구실을 할 수 있도록 해야 한다. 따라서 마을 공동체 아카이브는 주체, 대상기록의 특성, 목적, 지향 등 공동체의 정체성을 반영하여 다양한 모양으로 만들어지고 운영될 수 있다. 또한 개별적인 마을 공동체의 아카이빙도 중요하지만 다양한 네트워크를 통해 상호 상승작용을 꾀하는 것도 서로를 위해 이로운 일이다.

마을 공동체 아카이빙은 국가 주도의 기록관리 방법과는 다른 다양하고도 창의적인 방법론이 필요하다. 방법론에 대한 기술적 차원의 변화는 근본적으로 아카이빙의 패러다임이 변화했음을 시사한다. 행정기록 위주의 공공영역이 중심이 되어, 공공기록을 보완하는 의미에서 부분적으로 시민과 시민사회의 아카이빙이 필요한 것이 아니다. 민간영역이 우리 사회 아카이빙의 한 축을 형성해야 한다는 필요성이 점차 설득력을 더해가고 있다.

우리나라의 경우, 주민이 중심이 되어 마을 공동체 아카이브를 추진하고 있는 경우는 있지만 아직 안정적이고 장기적으로 운영하고 있는 사례는 없는 것 같다. 마을 아카이브라는 이름으로 알려진 곳은 대부분 자자체 등 공공기관이 주도하는 경우, 실체는 없지만 모임 이름을 그렇게 부르는 경우, 잠시 운영되다가 중단된 경우는 있다.

각 지역에 마을 기록 활동을 하는 활동가들이 있음에도 불구하고, 우리나라에 마을 공동체 아카이브가 있는가 라는 질문에 확신을 갖고 대답하지는 못하겠다. 아카이브란 모름지기 가치 있는 기록을 확보하고 있어야 한다. 기록을 획득, 관리, 서비스하는 기능을 수행하면서 이를 뒷받침할 근거와 조직이 있을 때 비로소 아카이브라고 부를 수 있을 것이다. 그런 곳을 아직은 찾지 못했다.

지역의 활동가들이 기록을 만들고 모으는 작업을 하고 있음에도 그것을 아카이브로 발전시키는 경우는 거의 없는 것 같다. 민간주체만의 힘으로는 어려운 일이기도 하다. 공공영역과 기록 활동가 간의 협력이 필요하다. 기록 활동가들이 스스로 아카이브 운영을 위한 인적 자원과 재원, 공간을 마련하기는 어렵다. 공공영역에서 조건 없이 지원하는 정책을 수립하고 민간 아카이브 환경을 조성한 다면 비로소 가능할 수 있다.

꿈은 이루어진다

그간 있었던 여러 지역의 아카이브 시도를 살펴보면서 미래지향
적 단서를 구해보고자 한다. 전국에서 다 헤아릴 수 없을 정도로 많
은 프로그램이 운영되어 오고 있는데, 여기서는 (협)아카이빙네트
워크연구원과 필자가 참여했던 사례 중 일부를 소개하고자 한다.

서울의 경우 2019년 서울기록원이 설립되며 그곳에서 다양한 활
동가들의 기록을 수집 또는 기증 받는 일은 매우 고무적인 일이다.
서울기록원에서 수집한 기록은 한 명, 한 명의 이름이 출처로 명시
된다. 아카이브 열람자는 그 내용을 모두 볼 수 있다. 서울기록원이

설립되기 전엔 활동가들이 모여서 뜻을 함께하기로 하고 활동한 뒤에도 수집 기록을 장기적으로 어떻게 관리하고 공유할 것인가에 이르면 매우 난처하고 막연했다. 그러나 서울기록원의 설립과 더불어 민간영역의 활동가들은 이전에 비해 고민을 덜고 아카이빙 활동을 할 수 있게 되었다.

서울시는 서울기록원이 설립되기 이전부터 마을 기록 활성화를 꾀해왔다. 서울마을 공동체종합지원센터를 통해 마을 기록을 활성화하기 위한 연구, 수집 및 전시 프로그램들을 진행한 바 있다. 2011년 박원순 서울시장이 보궐선거로 당선됐을 때, 공약 중에 하나가 마을 공동체 활성화였다. 공약을 실천하려고 보니, 서울시 천여 명 공무원들 중 인원을 배분하여 사업에 투입하는 것이 어려웠다. 공약 사업을 실현하기 위해 신규 공무원을 채용하기도 부담이었을 테고, 따라서 별도의 운영예산을 편성해 '서울특별시 마을 공동체 종합지원센터'를 설립하게 되었다. 1기 마을기본계획(2012~2017)에 따라 3인 이상의 주민모임을 지원하기 시작했고, 2013년 6개 마을을 선정하여 마을마다 특화된 기록을 모아 전시를 지원하여 각각 마을과 서울광장에서 전시를 열면서 본격적인 활동이 시작되었다. 당시 참여했던 마을의 기록과 활동 사례를 간단히 소개한다.

성미산마을은 서울시 마포구 성산동 지역의 마을 공동체다. 주민들이 서로에게 관심을 가지고 공동체를 이루어 가고자 하는 곳이며, 서울에서 가장 먼저 공동체 활동이 시작되었고 또한 그러한 활동이 활발하다고 알려져 있다. 이 성미산마을엔 비인가 대안학교인 '성미산학교'가 있다. 초대 교장인 조한혜정은 "근대는 마을을 버리는 것으로 시작되었지만, 마을을 만드는 것으로 끝날 것"*이라고 선언한 바 있으며 이 학교의 교육이념은 '스스로 서서 서로를 살리는 사람'이다. 마을과 생태계를 중심으로 학생의 주체적이며 자기주도적인 학습과 성장을 지향한다.

성미산마을도 이때 참여한 6개 마을 중에 포함되어 있었다. 성미산마을에서 이미 지역기록 작업을 하던 활동가의 기록 분량이 매우 방대하여 학교기록 위주로 범주를 좁혔고, 이 중에 선별한 기록을 성미산학교 입구 쪽에 상설전시를 열었다. 이는 학교의 방문객들이 기록물을 보며 성미산학교의 교육이념과 특성에 대해 짧은 시간에 강렬한 인상을 받게 되는 효과가 있었다. 그리고 성미산마을의 중요한 특징 중에 하나는 누가 시키지 않아도 꾸준히 마을을 기록해 온 사람이 있다는 것이었다. 최근 상황은 정확히 알지 못하지만 당시에 외장하드 여러 개 분량의 문서, 사진, 영상을 보유하고 있는 기록 활동가가 있었다.

서울시 북동쪽에 위치한 노원구는 서울 외곽의 행정구역이 확장되며 생겨났다. 서울 중심부에 거주할 만한 형편이 안 되었던 주민들이 정부 주도 하에 서울 외곽으로 강제 이주하여 살았는데, 그곳이 노원구 중계동의 백사마을이다. 백사마을은 속칭 '달동네'로 불리는 낙후된 거주지역이었다. 그러나 수십 년의 시간이 지나며 가파른 언덕길도 미끄럽지 않게 정비되고 난간도 만들면서 안정감 있는

---

* https://sungmisan.modoo.at/?link=7qihk92f, 성미산학교 인사말

동네로 변했다.

이렇게 서울의 마지막 달동네로 불리던 백사마을도 재개발이 진행되면서, 주민들은 정겨운 동네의 흔적이 모두 사라지기 전에 기록을 남기기로 마음먹었다. 그때부터 사진을 촬영해서 마을에서도 전시하고 서울광장에서도 전시했는데, 이에 노원구청장이 관심을 보여 노원구청 로비에서도 전시가 이어졌다. 그랬더니 많은 지역주민이 사진을 보러 왔고, 관람객 중 노령의 지역주민들이 자신에게 더 좋은 사진이 있다고 자료를 제공해 전시회가 더 풍성해졌다. 이것은 지역의 기록을 수집하여 전시하는 것을 통해서 더 추가적인 수집과 발굴을 자극했던 선순환의 모범사례로 교훈을 삼을 수 있을 것 같다.

은평구에도 주민들이 자발적으로 모여 공동체를 이루는 크고 작은 집단들이 수십 개가 있다. 그들이 연례행사로 축제를 열기 시작한 것이 벌써 20년 가까이 되었다. 2013년에는 10회에 이르는 은평구민 마을축제를 기록하고자 계획하고 초창기 기록을 수소문 했더니 거주지를 옮긴 주민들이 많아 자료가 부족하여 확보하기가 어려웠다고 한다. 그들은 포기하지 않고 자료가 풍부한 최근의 기록부터, 오히려 역순으로 차례차례 수집 가능한 자료를 모으기 시작했다. 당시 시니어 교육의 일환으로 만 55세 이상의 퇴직자들을 교육하는 프로그램 중 때마침 아카이빙 교육이 있었다. 교육과정을 이수한 시니어들이 기록자로 작업에 착수했는데, 60대~70대 초반의 연령대였다. 여성 한 분, 남성 세 분의 유쾌한 그룹이었다. 그들

2017년 서울시청 지하 시민청에서 마을 기록 전시가 열렸다. 그곳에서 우연히 최호진 선생님을 만나게 되어 반가운 마음에 사진을 남겼다.

은 사진 촬영과 인터뷰, 전시 등을 모두 수행했다. 프로젝트를 마친 뒤 평가하는 과정에서 인상적이었던 대목을 인용한다. "처음엔 젊은 사람들이 마을축제를 한다고 하니 어떻게 하나 호기심으로 들여다봤다. 많은 단체가 모여서 의논을 하다 보니, 서로 의견이 달라 큰소리도 나곤 하지만 크게 싸우는 게 아니라 각자의 주장을 설명하고 전체가 의논해서 결론을 구하면 자기 의견대로 결론나지 않아도 금세 수긍하고 함께하더라. 우리 세대와는 조금 다르더라." 그때 처음 인사드렸던 최호진 선생님의 말씀이다. 이런 이야기도 하셨다. "이틀간 마을축제가 치러지는데 축제를 하다보면 먹기도 하고, 기념품이나 유인물도 나눠 갖고 하니까 청소는 어떻게 해야 하나 걱정스러웠는데, 축제가 끝난 뒤 모두 함께 쓰레기를 정리해서 깔끔하게 되는 걸 보고 신기할 정도였다. 아카이빙 하러 왔다가 젊은 세대들에 대한 믿음을 갖게 되었다."최호진 선생님은 고령임에도 불구하고 지역에서 기록 활동뿐만 아니라 다양한 공동체 활동에 참여하고 있다. 때로는 조언자로, 때로는 활동가로, 때로는 강사로 그리고 따뜻한 친구로 주민들과 호흡하고 있다.

서울시 성북구 정릉동의 경우, 60대 이상의 주민들의 모임이 있었다. 마을에서 수십 년씩 살아온 주민들이었는데, 구성원 중 한 명이 마을에서 촬영한 옛 사진을 가져왔던 것이다. 그리하여 모임에서 옛 사진들을 공유하게 되었는데, 이 사진들을 모임 안에서만 보는 것이 아깝다고 판단되어 성북구청의 지역 활동가와 논의가 이루어졌다. 정릉동은 지형 특성상 마을 진입로가 하나고 각각 정릉 1, 2, 3, 4동이 산간 지형에 펼쳐진 구조다. 바로 그 마을의 진입로에 이젤을 놓고 사진전시를 했던 것이다. 사람들이 진입로를 오가며 전시를 관람하고 이야기도 나누고. 대체로 출근시간에는 바삐 지나가는데, 퇴근시간에는 여유가 있으니까 관심 있게 들여다보았다. 며칠의 짧은 전시 일정이었는데 근처의 주민이 전시 장소에서 악기를 연주하기도 하고, 그러다 보니 사람들이 더 많이 모여들어 전시 기간도 늘렸다고 한다. 축제는 이렇게 시작되나 보다 싶다.

이후로도 다양한 프로그램으로 아카이빙 활동을 진행해 왔고, 시간이 흐름에 따라 참여하는 인물들도 상대적으로 젊은 층으로 변화되었다. 이들 중 일부가 공모사업 등에 연연하지 말고 아카이빙 활동을 자발적으로 이어가자는 취지로 모임을 만들었다. '정말기록당'이 탄생한 배경이다. 정말기록당은 '정릉 마을 기록 주민 이야기 마당'의 줄임말이다. 사실 이러한 모임도 누군가 제안하고 반발자국 앞서 나가는 사람이 있어야 가능하다. 정말기록당은 제안에서 활동까지 대표를 극구 거부하고 상임활동가를 자처하는 최연희 님의 역할이 참 컸다.

그 외 도봉구와 양천구에서의 활동이 있었으나, 진행과정에서부터 여러 가지 난관을 맞게 되어 이어가지 못했다. 10여 년 전에 시작되어 지금까지도 이어지고 있는 곳은 정말기록당 한 곳이다. 관의 지원이 꾸준히 있었던 것은 아니지만, 주민들의 의지를 바탕으로 활동하고 있다. 그러나 활동을 멈춘 다른 지역도 아예 흔적도 없어진 것은 아니다. 참여했던 주민들이 새로운 공간에서 아카이빙활동을 하고 있거나, 자기 지역 또는 타 지역에 참고사례가 되어 영향을 미치고 있다.

지방자치단체에서 장기적으로 마을 아카이빙 교육 및 활동 프로그램을 운영한 곳은 시흥시가 처음이 아닌가 싶다. 2015년 시흥시청에서 운영하는 시흥아카데미 프로그램으로 총 10강으로 구성된 '마을 기록학교'를 열었다. 당시 시흥시는 아카데미를 통해 주민들이 내용과 실무를 습득하여 지역의 경제와 주민공동체 활성화에 기여하고자 하는 계획이었다. 마을 기록학교도 이 프로그램을 이수한 주민들이 모임을 결성하고 지역 기록 활동을 꾸준히 해 나가면서,

시청과 협력해서 실제 지역기록의 주체가 되는 것을 기대했다.

프로그램을 마치고 비어 있는 시유지에 '시흥 기억창고'를 만들었다. 기억창고는 컨테이너 박스 세 채를 두고 모임 공간, 전시 공간, 기록관리 공간으로 조성했다. 주민 기록 활동가들이 이곳을 터전으로 활동을 펼쳤고, 지역의 기록을 모아나갔다. '걸뚝'이라는 이름의 모임을 만들고 한 동안 기록 활동을 이어갔다. 그러나 시장이 바뀌고 정책이 바뀌면서 걸뚝 활동은 더 이상 이어지지 않았다.

군포시는 군포문화재단에서 2018년부터 마을 아카이빙 장기 교육 및 실습 프로그램을 운영하며 신도시로 개발되는 지역의 사라져가는 모습을 사진 촬영, 구술 채록 등으로 기록화 하는 활동을 진행했다. 교육도 기초, 심화 나누어 운영하고, 해마다 새로운 기록 활동가를 모집하고, 군포문화재단 수리산 상상마을의 한 곳에 마을문화저장소라고 이름의 수장공간을 조성하기도 했다. 참여하는 주민들은 대통령기록관 등을 견학하면서 아카이빙에 대한 이해를 높이고 실습뿐만 아니라 실제 지역아카이빙 프로젝트에 참여하면서 역량을 키워나갔다. 그러는 동안 '군포 우동'(문화재단의 프로그램 이름이었던 '우리 동네 기록학교'에서 따온 이름)이라는 모임을 만들어 조직적으로 활동했다. 그러나 군포 또한 시와 문화재단의 정책이 변화되고, 담당 직원이 변경되면서 시와 재단 차원의 아카이빙 프로그램이 없어지고 마을문화저장소도 문을 닫았다. 하지만 '군포 우동'은 사진 기록 활동을 주로하면서 자발적인 주민 아카이빙 모임으로 건재하다. 2022년에 이어 2023년에도 활동가들이 한 해 동안 지역을 기록한 사진을 모아 탁상용 달력을 제작하였다. 안타까움으로 바라보는 외부의 시선이 무안할 정도로 밝게 활동하고 있다. 공공기관의 지원이 없어도 말이다.

군포 우동 주민 기록가들이 십시일반해서 만들어낸 2023년 탁상용 달력. 주민들이 기록한 사진과 그 설명으로 한 해를 가득 채웠다.

인천의 미추홀학산문화원 2018년을 시작으로 시민기록단을 모집하여 양성하고 있다. 시민기록단은 주로 구술 채록활동을 통해 지역에서 오래 거주한 분들, 특정 분야에 종사하는 분들 등을 대상으로 기록을 만들어 내고 있다. 최근의 특징적인 활동으로는 전세사기 사건이 집중적으로 발생한 지역으로서 이웃의 아픔을 함께하는 차원에서 관련 기록 활동을 하고 있다는 점이다. 이 사건에 대해서는 구술 채록을 하지 않고 사진기록 중심으로 활동하고 있다.

이 경우 미추홀학산문화원이 주민들의 아카이빙 활동 환경을 마련하고 디지털 아카이브를 구축하는 일을 담당하고, 시민기록단은 몇 해째 꾸준히 활동하는 민관협력 사례를 보여주고 있다.

충북 청주시에는 두꺼비 마을이 있다. 2003년 산남 3지구 택지개발이 시작되는 시점에 두꺼비 집단 서식이 확인되었고, 시민들과 환경단체가 두꺼비 지키기 운동을 펼치게 되었다. 택지개발 주체인 한국토지공사와 시민단체의 대립뿐만 아니라 입주민도 엄연한 이해당사자였다. 이 복잡한 구조에 지방자치단체가 중재에 나섰고, 결과적으로 생태보존과 택지개발이라는 두 가지 과제를 모두 실현하는 방안의 합의가 이루어졌다. 물론 어느 한 측도 만족할 만한 성과는 아닌 것으로 보인다. 아마도 모든 당사자들이 조금씩 양보했던 것 같다. 지역은 생태의 중요성을 태생부터 안고 생긴 신도시가 되었다. 지역 신문, 작은 도서관, 단지별 입주민 조직 등을 매개로 주민공동체가 활발하다.

아카이빙 활동은 퀀덤도서관을 중심으로 이루어졌다. 청주시가 법정문화도시로 지정되면서 주민 기록 활동 활성화 차원으로 조직한 동네기록관에 퀀덤도서관도 포함되었다. 다만, 두꺼비마을과 마을살이를 주민의 입장에서 기록하고자 하는 활동가들과 문화도시 관련 행정가들 간에 시각차이가 있는 듯하다. 조만간 5년간의 법정문화도시 사업을 평가하는 과정에서 기록문화창의도시를 표방한 청주의 동네기록관에 대한 내용은 민간 아카이빙 분야에 많은 시사점을 줄 것으로 기대하고 있다.

2022년에 시작해서 올해로 두 해를 맞는 서대문구립도서관의 주민아카이빙 프로그램은 시작부터 특색 있다. 주민참여 예산으로 준비되었고, 논의를 거쳐 구립도서관이 운영주체가 되었고, 협치조직이 자문격으로 참여하고 있다. 두 해에 걸쳐 각 20명의 기록 활동가를 양성했고, 이들은 사진, 영상, 구술 채록 등의 활동을 통해 기록을 생산하고 있다. 주민들이 생산한 기록은 도서관에서 관리하며 연말에 전시와 책자발간을 하고 디지털아카이브를 구축해서 상시적인 활용체계를 마련했다. 2024년에는 기록 활동가를 새로 모집하지 않고, 기존 1, 2기 활동가들이 이어서 활동할 수 있는 프로그램을 계획 중이다. 그런 중에 1기 활동가들 중 뜻을 같이하는 사람들이 '인기드림'('인생을 기록해 드립니다'의 줄임말)이라는 이름의 소모임을 결성하기도 했다. 서대문구립도서관의 아카이빙 활동이 활발하게 진행되고 있는 배경에는 물론 주민들의 적극적인 참여가 중요하지만, 도서관 직원들의 태도도 매우 인상적이었다. 주민들을 주체로 하는 지역 아카이빙 활동에 대한 송재술 관장의 깊은 이해, 이영란 대리의 세심한 배려, 정원석 사서의 열정은 쉽게 볼 수 있는 것이 아니었다. 이들은 고유 업무가 있는 중에 새롭게 부과된 업무임에도 불구하고 언제나 밝은 표정으로 주민들과 수업, 활동을 함께했고, 이에 필요한 행정 처리를 소리 없이 수행했다.

고양시 일산종합사회복지관은 주민 아카이빙 활동의 확장을 상징하는 곳이다. 지자체, 문화재단, 문화원, 도서관 등 지역문화기관에서 주민들과 아카이빙 활동을 하는 경우는 많았지만, 복지관의 사례를 드물었다. 일산동에 애정을 갖고 살아가는 고양시 주민들과 변해가는 일산동의 모습을 기록하기 위하여 2021년부터 활동하고 있다. 첫해 교육과 시범활동을 시작하면서 변해가는 우리 마을을 눈에, 마음에, 기록에 담는 이들이라는 의미의 주민 아카이빙 모임

'마을다미'를 결성했다. 2022년, 2023년 고양시 구도심과 일산전통시장을 중심으로 글, 사진, 인터뷰 등을 통해 기록 활동을 한 내용을 모아 전시와 책자발간을 하고 있다.

인원이 많지는 않지만 첫해부터 꾸준히 활동에 참여하는 주민들이 주인공임에 틀림없고, 시작부터 담당한 조안나 사회복지사의 우직한 발걸음도 큰 몫을 했다. 올해에는 디지털아카이브도 시작했는데 현재에는 준비 중이고 머지않아 공유를 시작할 것 같다.

김해문화재단 문화도시센터에서 법정문화도시 사업의 일환으로 추진한 마을 기록 활동은 지속되지 않고 있는 점에서 아쉬움은 있지만, 잊을 수 없는 사례이다. 2021년과 2022년 두 해에 걸쳐 기초교육, 심화교육, 아카이빙 활동으로 이어진 프로그램이었다. 20여 명의 참여로 시작했지만, 총 9명이 마지막까지 활동을 이어갔다. 이미 지역에서 역사, 문화 전문가로서 활동하던 분들도 참여했고, 생태, 공동체, 예술 등의 분야에서 지역활동을 하던 분들도 참여했다. 그야말로 준비된 활동가들이 대부분이었다. 어느 곳보다도 자발적인 기획과 활동이 돋보였다. 자타가 공인하는 오래된 역사를 품고 있는 도시로서 거대한 화포천 습지를 보유하고, 산업단지와 신규 아파트 단지가 지역에 변화를 주고 있었고, 원도심도 꾸준히 변화하고 있는 잔잔한 변화의 도시였다. 참여하는 활동가들의 적극성과 푸근한 정으로 대해주던 인심도 인상 깊었지만, 활동기간 중 원도심 지역의 노거수를 잃은 사건은 잊을 수가 없다.

아파트 단지가 들어서면서 수백 년 한 자리에서 지역주민들과 함께 해왔던 나무가 하루아침에 잘려나갔다. 물론 지역주민들의 반대도 있었고, 지키려는 노력도 있었지만 결과적으로 물거품이 되었다. 이제는 주민들의 기억과 사진으로만 남아 있게 되었다. 아마도 지금쯤 공사가 꽤 진척되어 나무와 그 자리는 흔적도 없어졌을지 모른다. 지역에서는 어떻게 기억되고 있을까?

김해의 노거수, 2022년 4월 촬영.
잘려나가기 직전 기록을 남기고자 김해 기록 활동가들과 함께 방문하여 촬영해 두었다.

문화재단으로는 서울시 영등포문화재단과 강릉문화재단의 문화도시지원센터에서도 주민 아카이빙 활동을 수년간 진행한 바 있다. 다만, 기관의 상황변화, 정책변화, 담당자의 변동 등으로 활동이 꾸준히 이어지지는 않는 것 같다. 지역 문화기관에서 주민들과 아카이빙 활동을 장기적으로 지속하고자 한다면, 시작할 때에는 적어도 몇 년 정도의 계획을 갖고 시작했으면 한다. 기록 활동은 기능적으로만 접근할 수 없다. 지역의 역사와 특징에 대한 이해, 그곳에서 살아가고 있는 사람들에 대한 이해를 바탕으로 아카이빙을 해야 하기 때문이다.

따라서, 문화기관 담당자와 참여하는 주민은 기능적으로 기록 활동을 배우고 시작하기에 앞서 지역의 특징과 역사, 마을 공동체, 아카이빙에 대한 이해와 공감을 갖는 것이 필수적이다. 특별한 경우가 아니라면 담당자를 교체하지 않는 것이 좋고, 담당자는 모든 아카이빙 프로그램에 모두 주민과 함께 참여하는 것도 매우 중요하다. 스스로를 사업을 진행하는 실무자로 여기는 경우 자리만 마련하고 다른 일을 하고 있는 동안, 프로그램 진행자와 참여주민은 상당한 공감이 형성된 반면 사업을 주관하는 측의 담당자는 공감을 하지 못해 엇박자가 나곤 한다.

하기야 강릉문화재단 같이 중장기계획을 탄탄하게 세우고 아카이브 공간 및 디지털아카이브도 구체적으로 준비하고, 주민 기록 활동가들의 적극적인 참여가 있었는데도 불구하고 이른바 '위의 결정'으로 그간의 노력이 빛을 발하지 못하는 경우도 있으니, 어디서

부터 실마리를 풀어야 할지 난감하기는 하다. 다만, 아카이빙 활동에 있어서 각 단위마다 안정적으로 완결성을 갖춰나가는 것도 매우 중요하지만, 연대의 필요성을 강하게 느끼게 된다. 새로운 분야이기에 성과를 공유하는 것도 필요하지만, 각자 겪은 고충과 애로사항도 공유하면서 시행착오를 줄이는 것도 연대를 통해서 할 수 있는 일이다.

지난 2019년 '한국 기록 활동가 네크워크'라는 이름으로 연대를 시도한 바 있다. 관심 있는 많은 지역에서 참여했고, 모임을 통해 새롭게 알게 된 지역과 사람들도 적잖이 있었다. 다만, 생각지도 못한 COVID-19로 인해 활동이 중단된 상태이지만 연대의 필요성마저 없어진 것은 아니니 곧 다시 활동을 재개하고자 한다.

마을의 꿈은
오늘도 현재 진행형

직접 관여하지 않은 지역이지만, 때때로 찾아보고 배우면서 참고하고 있는 몇 곳을 더 소개하고자 한다.

경기도 화성시는 오랜 동안 꾸준히 관과 민이 협력하여 지역을 아카이빙 하는 곳인데, 그간 축적한 주민역량과 기록물의 성과에 비해 외부에 많이 알려져 있지 않은 점이 의아할 정도다. 시청, 지역문화기관, 주민이 협력하여 디지털 아카이브를 구축하고, 구술 부스도 운영하는 등 지속적으로 아카이빙 활동을 활성화하고 있다. 이곳의 프로그램에는 직접 관여한 바 없지만 2022년 말 성과공유회 자리에 패널로 참석해서 중요한 내용을 알게 되었다. 주민들의 활동으로 확보한 기록물이 시사편찬의 자원으로 활용되고 있다는 것이다. 언젠가는 그렇게 되었으면 하고 희망하던 바가 화성시에서 실현되고 있었다. 이는 단순히 주민기록이 공공기관의 역사자료에 활용되었다는 것만을 의미하는 게 아니다. 주민들 스스로 지역의 주인임을 선언하면서 지역 역사의 주인공으로 한걸음 내딛는 중요한 순간이라고 평가하고 싶다. 그렇게 되기까지는 참 많은 분들의 헌신이 있었다는 점도 잊지 않으려고 한다.

전주시의 시민기록관은 지자체에서 운영하는데 시민들이 소장하고 있는 기록을 수집하여 관리 및 전시를 하고 있다. 시청 외부에 독립건물을 확보하고 수장고와 전시관을 마련했으며, 다양한 프로그램을 이어오고 있다.

이 밖에도 지자체에서 주민기록에 대한 적극적인 활동을 펼치는 곳으로 청주시, 세종시, 당진시, 증평군, 이천시, 익산시 등을 들 수 있다. 지자체의 기록관리 기구가 행정기록을 다루는 데 머무르지 않고, 적극적으로 시민들과 호흡하려는 노력은 앞으로도 많은 지역에 긍정적인 영향을 줄 것이라고 본다.

중간 지원 조직으로는 서울 금천구 마을공동체지원센터가 마을공동체 기록관을 수년간 운영해 오고 있다. 조직의 목표인 마을공동체 활성화의 일환으로 아카이빙 활동을 하는 것이다. 활동만으로 그치지 않고, 생산·수집한 기록을 관리하면서 전시도 하고 다양한 방법으로 주민들과 공유하고 있다.

도서관의 경우 서대문구 외에도 주민들과 아카이빙 활동을 하고 있는 곳은 매우 많다. 일찍이 용인의 느티나무 도서관이 아카이빙 체계를 갖추었고, 파주 중앙도서관, 성남 분당도서관, 성남 책이랑 도서관, 개포도서관, 영종도서관, 강동도서관, 하남 미사도서관 등 아주 많은 곳에서 다양한 방식으로 기록 활동을 하고 있다.

부산지역에는 기록하는 출판사 빨간집을 비롯하여, 맨발동무도 서관, 북구의 도시 아카이브, 완월동 기록연구소, 부산문화예술계 미투 운동 기록 프로젝트, 부산 촛불 디지털 아카이브 등의 활동이 있다.

한편, 환경운동엽합, 정의기억연대, 지구촌동포연대, 사랑실은교 통봉사대 등 기관이나 단체 차원에서 꾸준히 스스로의 기록을 관리 하고 있는 곳들도 있다.

아카이빙 프로그램을 주관하는 주체는 지차제, 지역문화기관, NGO/NPO, 기관간 협업, 주민의 자발적 활동 등 다양하다. 운영을 주관하던 공공기관에서 정책을 바꾸거나 변화가 생기면 프로그램은 사라지는데, 그렇다하더라도 주민 기록 활동 모임이 지속되는 곳이 많다. 아카이빙의 대상은 지역 스토리, 사건, 공간 등으로 다양하고 기록 활동 방법은 글, 사진, 영상, 구술 채록 등이다. 확보된 기록물은 활동가들이 소장하고 있거나 운영 기관에 축적되어 있다. 적극적 으로 관리하며 서비스하는 곳도 있으나, 관리되지 않는 곳도 있다.

대체로 기관 간 협력 또는 관과 민이 협력할 때 상대적으로 지속 성과 안정성을 더 갖게 되는 것 같다. 확보된 기록은 관리가 소홀한 경우는 있지만 함부로 폐기되지는 않은 것으로 보인다. 이 시점에 서 필요한 것은 진지한 평가라고 생각한다. 각 기관, 지역, 단체마다 아카이빙 프로그램을 운영했던 바에 대하여 평가하고, 지속할 이유가 있다고 평가되면 과거의 한계를 극복하는 대책을 담아 중장기 발전계획을 세우고 다시금 체계적으로 시작했으면 하는 바람이다. 주민들과 함께하는 지역 아카이빙은 공공기관의 입장에서는 비교적 적은 예산으로 지역 공동체 활성화를 도모할 수 있는 장점이 있다. 하지만 가시적인 성과가 바로 나오지 않는 특성이 있어서 다소 단건으로 대하는 듯하다. 아카이빙의 특징을 이해하는 인식의 변화가 필요하다.

서울시 마을공동체종합지원센터 센터장을 지낸 최순옥 님은 도시에서 마을 공동체 활동을 한다는 것은 개인에게 자기주도성을 실현할 기회를 갖는 것이고, 이를 통해 사회적 안정과 보상이 가능하다고 설명한다. 또한 혼자서 추구하는 자기발전은 한계가 있지만 함께하는 활동을 통해 서로의 성장을 확인하는 즐거움을 느낄 수 있다고 강조한다. 마을 공동체 활동으로서 그리고 지역 문화 활동으로서 아카이빙 활동도 그렇다.

도시재생과
문화도시 아카이빙

   법정 문화도시 사업과 도시재생 사업 같은 국책사업은 우리나라에서 이전에는 볼 수 없었던 유형의 사업이라고 생각한다. 지역 스스로 도시의 문화적 환경을 조성하여 주민의 삶의 질을 바꾸어 나가는 동시에 타 지역에도 긍정적 영향을 미치게 하자는 것이 문화도시의 취지라면, 지역의 자원을 발굴하고 주민의 역량을 강화하면서 살기 좋은 새로운 환경을 만들어가자는 것이 도시재생의 핵심이라고 이해하고 있다. 과정에서 드러나는 한계와 오류에도 불구하고 사업의 목적만을 선의로 보자면 지역을 주민이 주체가 되어 문화적으로나 주거환경 면으로나 살기 좋은 지역으로 만들어 가고자 하는 사업이라고 생각한다.

이러한 사업들이야 말로 현장 중심의 아카이빙이 중요하다. '도시재생 아카이빙'이란, '도시재생 사업의 시작에서부터 마무리까지 가치 있는 기록을 만들고, 남기고, 사용할 수 있도록 하는 행위'라고 할 수 있다. 중요한 것은 '도시재생 아카이빙'을 단순히 자료를 수집하거나 홍보물을 제작하는 것으로 여겨서는 안 된다는 점이다. 생산 또는 수집된 기록을 관리하고, 보존하고, 활용하는 모든 단계는 아카이빙이다. 따라서 아카이빙이 가능하려면 전체 프로세스의 업무가 가능하도록 제반 환경을 조성해야만 한다.

국민들의 세금으로 정부에서 시행하는 도시재생 사업은 과정을 기록하여 절차의 정당성, 사업운영의 투명성을 확보해야만 하고, 설명책임(accountability) 차원에서 근거자료를 남겨 시민들에게 공개해야 한다. 또한, 도시재생을 통해 짧은 시간 안에 크게 변화된 지역의 과거 모습을 확인하고자 한다면, 재현(representation)을 위해 기록을 남겨야 한다. 이들 모두 기록화의 중요한 이유이지만 공공기록물관리법상 당연히 해야 하는 일들이다.

도시재생의 핵심에는 주민들의 삶이 있다. 한 지역의 지리 및 지형, 기능적 구조를 비롯해서 주택구조, 먹거리, 의복 등을 포함한 생활문화, 사고, 행동 양식 등 그 지역을 구성하는 요소들에는 지역 주민들의 삶이 깔려 있다. 그 지역에 거주하며 터전을 일구어 온 이들의 삶은 장소에 온전히 스며들어 있기 때문에, 이들의 변화과정을 기록하는 것은 다시 말해 지역의 역사, 지역 주민들의 문화를 기록하는 것으로서 행정자료를 남기는 것과는 별개 차원의 중요한 의미가 있다.

기록화는 역사의 자료를 남기는 작업이면서 동시에 그 자체로 역사를 만드는 작업이다. 도시재생의 목적이 주민들의 삶의 질을 높여 내는 데 있다면, 도시재생의 기록화도 삶의 질을 높이는 차원에서 기록화 대상을 '사업에서 사람으로', 기록 범위도 '공공기관의 행정자료에서 주민의 삶의 변화가 담긴 자료로' 확장시키는 것이 필요하다.

도시재생 사업을 기록한다는 것은 사업의 핵심에 부합하는 가치 있는 기록을 만들고, 수집하고, 정리·분류하고, 장기적이며 안정적으로 보존해서 기록을 필요로 하는 사람에게 적시에 제공할 수 있는 환경을 만드는 것이다. 따라서 행정자료를 기록화 하는 것과 병행해야 할 일은 주민의 삶과 변화를 주민의 눈높이에서 기록하는 일이다.

아카이빙은 사람들의 삶의 흔적을 공유하는 것이다. 아카이브가 장(場)마당이 될 것이다. 아카이빙은 사람의 행동양식을 기록화 한다는 점에서 문화적인 활동이다. 우리나라는 국가기록원이 행정자치부 산하기관으로 되어 있지만, 프랑스 등 몇몇 나라에서는 문화부 소속기관으로 있는 경우도 있다. 문화라는 것이 한 사회의 개인 혹은 집단이 자연을 변화시켜 온 물질적·정신적 과정의 산물이라고 한다면 기록이야말로 곧 문화라고 할 수 있다.

프랑스의 저명한 역사학자 피에르 노라(Pierre Nora, 1931~)는 일찍이 역사에 인입되지 않은 소재들을 발굴하고자 '기억의 장' 프로젝트를 시작한 바 있다. 상징, 사건, 개념, 일상 등 다양한 축으로 사람들의 삶에 천착하여 기록화하고 이것을 통해 새로운 역사를 쓰기 위한 지난한 노력을 시작한 것이다.[*]

기록은 결과만을 보여주지 않는다. 성공만을 보여주지도 않는다. 기록을 찬찬히 들여다보면 성공도 실패도, 기쁨도 슬픔도 함께 있다. 한국전쟁이라는 지옥 같은 상황에서 사람들은 날마다 울고 아파했을까? 2002년 월드컵 4강 진출이라는 축제의 상황에, 한편에서 고통과 슬픔을 느끼는 사람들은 없었을까?

개발독재시절 군사정권은 사람들의 머릿속까지 재단하고 정형화하려 한 것처럼, 도시의 구성, 가옥구조 및 삶의 유형도 정형화하려고 했다. 주택은 거주할 사람들의 취향과는 상관없이 공장에서 물건 찍어내듯 신속하게 규격화되어 찍어내 듯 지어졌다. 정부와 지자체가 주도한 재개발과정에서 사람들의 삶은 더욱 피폐해지고 공동체는 무너졌다. 불과 50여 년 사이의 일이다.

우리들의 삶이 담겨 있는 흔적을 아카이빙 하는 일은 무너졌던 사람을 일으키는 일이고, 개개인의 삶이 얼마나 소중한지를 확인하는 일이고, 공동체성을 복원하는 일이다. 우리는 과거 학생시절 관제 행사장에 동원되었을 때 들었던 '엄숙한 말씀'들은 기억하지 못해도, 행사장을 오고가는 길에서 내가 경험한 인상 깊은 일들은 오랫동안 기억하곤 한다. 그 이유는 '내가' 했기 때문이고 '인상적'이

---

* 이에 대한 내용은 피에르노라 저(김인중 역), 『기억의 장소(전 5권, 나남 2010)』 참고.

었기 때문이다. 헬리콥터에서 아래를 내려다보며 찍은 지역의 전경사진은 경이롭고 신비하게 느껴진다. 그러나 그런 기록은 관에서 만들고 남기면 될 일이다.

연탄과 담배를 같이 팔던 구멍가게, 페인트가 떨어져 나간 약국의 간판, 뒷골목의 낙서가 담긴 사진은 그다지 멋있지도 않고, 신기하지도 않지만 그런 사진들 속에서 나와 내 주위 사람들의 흔적을 발견하게 된다. 이런 우리의 삶의 흔적을 도시재생 아카이브에 담고자 하는 것이다. 그것을 위해 몇 가지 유념할 사항들이 있다.

첫째, 구술 채록의 활성화. 빛나는 기록문화의 전통에도 불구하고 우리나라는 근현대시기 식민지, 분단, 전쟁, 독재 등을 거치며 기록관리를 체계적으로 해오지 못했다. 따라서 기록의 공백을 보완할 방법으로 고령의 지역 주민들의 증언을 기록으로 남기는 구술 채록이 매우 필요하다. 지역에서 살아온 한 명, 한 명이 지역의 살아 있는 기록이고 살아 있는 역사이기 때문이다.

둘째, 기록을 저장할 공간이 마련되어야 한다. 실물기록은 그 수량에 따라 물리적인 공간이 마련되어야 한다. 디지털기록은 실물기록에 비해 큰 공간이 필요하지는 않지만, 데이터 저장 공간은 반드시 필요하고 비용도 적잖이 소요된다. 물리적 공간, 디지털 공간을 확보하는 것은 기록이 살 집을 마련하는 일이다. 기록을 어느 정도 모으고 나서 다시 예산을 마련해서 공간을 마련할 일이 아니고, 도시재생 아카이브 사업을 시작할 때부터 공간 확보 계획과 비용도 준비되어 있어야 한다.

셋째, 아카이브 관리방안을 준비해야 한다. 기록을 수집하고도 관리하지 않는다면, 관리하고도 활용하지 않는다면 기록화 작업을 할 필요가 없다. 아카이브를 체계적이고 효율적으로 운영할 수 있는 사람, 매뉴얼, 공유방안 등에 대한 장단기 계획이 반드시 필요하다.

아카이빙은 더 이상 재개발이 아닌 도시재생으로 이름 붙인 이유를 확인해 줄 좋은 방도이다. 아카이빙은 남겨야 할 것은 남기고, 버려도 될 것은 절차대로 폐기하는 것이다. 도시재생과 문화재생을 하려면 진정 남겨야 할 것은 정성을 다해 남기고, 버려야 할 폐습은 과감하게 버리고 가야 한다. 아카이빙은 도시재생을 도시재생답게 해줄 좋은 계기가 될 것이다.

우리가 지금 경험하는 도시재생 과정은 우리 모두가 처음 하는 경험이기에 잘되든 잘못되든 기록화 해야 한다. 그렇게 남긴 기록은 후세대에 더없이 좋은 선물이 될 것이다. 이와 함께 법정문화도시 아카이빙도 매우 중요한 과제이다. 그 중요성과 방법은 도시재생의 경우와 크게 다르지 않다

지역문화진흥법을 근거로 문화를 통한 지역의 지속발전을 도모하고, 문화도시 정책의 성과로 도시 브랜드가 확산되도록 법정 문화도시를 지정하는 사업이 진행 중이다. 그간 네 차례에 걸쳐 24개 지역이 법정문화도시로 지정되어 있고, 4차로 지정된 도시들이 사업을 종료하는 게 2027년이다. 지역의 고유한 문화자원을 활용하여 시민이 공감하고 즐길 수 있는 도시문화를 만들고, 지역중심 문화균형발전의 성장 동력으로서 고유한 도시 브랜드가 확산될 수 있도록

하는 사업으로서 대한민국 역사에서 매우 중요한 시도라고 할 수 있다. 법정문화도시 사업관리를 위한 위탁 기관이 있기는 하지만 개별 문화도시나 위탁 기관에서 체계적으로 아카이빙 하고 있지 못하는 것으로 보인다. 주민 아카이빙 프로그램을 운영한 도시가 있지만 기록이 공유되고 있지는 않다.

법정 문화도시 사업이 당초의 기대와 계획대로 되지 않을 수는 있다. 어쩌면 부정적 평가가 많은 실패의 결론을 내릴 수도 있다. 그렇지만 그게 끝이어서는 안 된다. '사업'으로는 실패할 수도 있지만, 문화도시가 실패해서는 안 되지 않겠는가. 무엇이 문제였고, 무엇이 성과였는지 평가하고, 앞으로의 방향을 새롭게 세워나가기 위해서는 분석하고 판단할 근거가 있어야 한다. 이 한 가지 이유만으로도 법정문화도시 사업의 아카이빙은 필요하다. 주민, 각 문화도시센터, 문화체육관광부 및 관리 위탁기관 등의 주체, 진행된 사업과 활동, 사용된 예산, 협력, 평가 등과 관련된 기록들을 체계적으로 확보하고 지속적으로 참고할 수 있게 해야 할 것이다.

민간기록관리기관 협의체의 필요성

　민간기록의 가치와 맥락 그리고 내용의 성격상 기존 공공기록물이 가진 행정적 성격을 넘어 문화적 성격을 갖고 있는 만큼보다 근본적인 접근과 논의를 해야 한다. 이를 위해서는 장기적인 계획 하에 관련 주체를 정하고 꾸준한 협력과 논의를 해 나가야 한다. 즉, 국가기록원은 행정안전부 소속이지만 교육부, 문화체육관광부 소속의 여러 기관에서도 민간기록에 대한 업무를 수행하고 있기 때문에 범 국가차원의 근본적인 논의가 필요하다는 것이다.

　민간 아카이빙은 한 시기 유행처럼 번지는 것이 아니다. 민간기록의 필요성과 중요성은 시민의식의 성숙, 제도적 민주주의의 발전과정을 통해 역사의 진보를 이루어내는 과정에서 얻어낸 성과이다.

임기응변식으로 대응할 일이 아니고 우리 사회의 미래를 어떻게 만들어나갈 것인지에 대한 역사의식과 철학을 갖고 긴 안목에서 계획을 세워나가야 하는 분야이다.

우리나라 기록관리법은 하향식(top-down)으로 정착된 경험을 갖고 있다. 각 영역에서 수행하고 있던 것을 종합하고 다듬어서 법제화 했다기보다는, 법과 제도를 먼저 설계하고 각급 기관에 전파한 모양새를 띄었다. 옳고 그름으로 판단할 사안이라기보다는 우리나라 현대사의 특성상 기록관리 법과 제도가 정착하는 상황의 특징이라고 하는 편이 적당할 것이다.

민간 아카이빙은 사뭇 양상이 다르다. 개별적, 자발적, 동시다발적으로 전국에서 벌어지고 있는 민간 아카이빙을 어떻게 법, 제도로서 소화하느냐의 문제이다. 이러한 상황은 민간 아카이빙 분야에 있어서 전에 없는 기회이다. 다시 한 번 관련 기관간의 협의체계인 '민간기록관리기관 협의체'를 제안한다. 이 협의체에서 추구해야 할 협력 내용은 첫째, 소장정보와 기록의 협력, 둘째, 기관 간 업무와 기능 조율, 셋째, 범국가적 민간기록관리체계 구축이다.

우선 현재까지 소장하고 있는 각 기관의 민간기록 관련정보와 기록을 특별한 사정을 제외하고는 최대한 공유하면서 중복사업과 활동을 최소화하며, 정보와 기록을 통합해 나가야 한다. 이들 정보와 기록은 궁극적으로 공개 및 서비스되어 널리 활용되어야 할 것이다. 각 기관이 개별적으로 소장할 때보다 공유할 때 그 활용성이 늘어난다는 것은 경험적 교훈이기도 하다. 또한 소장 정보와 기록을 공유함으로써 그간의 활동을 세간에서 인정받는 계기가 될 것이다.

그리고 민간기록의 유형, 소장지역, 소장자 등에 따라 기관의 특·장점을 반영하여 더욱 잘 대응할 수 있는 기관이 주도하도록 업무와 기능을 조율할 수도 있다. 물론 상호 협력적인 논의가 있어야 가능한 일이다. 이를 통해 업무의 효율을 꾀할 수 있고, 각 기관의 정체성을 심화해 나가는 계기가 될 것이고, 범국가적 민간기록관리체계를 설계하는 데 유효한 시도가 되기도 할 것이다.

마지막으로 범국가적 민간기록관리체계를 구축하는 것은 짧은 시간 내에 이루어질 수는 없을 것이라고 본다. 그러나 막연한 미래로 넘겨버릴 사안도 아니다. 국가적으로 민간기록관리를 체계화한다는 것은 반드시 국가기관이 민간기록관리를 독점한다는 의미만은 아니다. 관련 국가기관들은 어떻게 기능할 것이고, 민간에서는 어떻게 지위, 역할, 책임범위 등을 부여받고 활동할 것인가를 포괄적으로 정립하는 일이다. 민간기록을 공공적 차원에서 어떻게 다룰 것인가에 대한 사회적 합의를 이끌어내고, 이를 바탕으로 우리 사회 전반의 기록관리를 이상적으로 설계하는 일이다. 그 성과는 모두 국가 구성원에게 돌아갈 것이다.

앞서 제시한 민간기록 관련 국가기관 중 상대적으로 체계적인 법에 근거해서 명시적으로 활동해 온 기관이 국가기록원임은 재론의 여지가 없다. 따라서 이 논의를 국가기록원에서 시작하고 중심적으로 활동해야 한다. 국가기록원은 민간 아카이빙에 대하여 팀 신설 등 장기적인 대응이 가능한 조직체계를 갖추고, '민간기록관리기관 협의체'를 일구어 나가기 바란다.

　중앙정부, 관련 기관, 학계 등에 제안하고 언론 등을 통해 공론화하는 것도 필요하다고 본다. 이 과정에서 국가기록원은 한국기록전문가협회, (준)한국기록활동가네트워크 등과도 긴밀한 협력을 통해 기록관리 분야의 다양한 전문가들의 견해와 현장 활동가들의 경험을 참고 및 반영할 필요가 있다. 물론, 민간기록관리 현장에 대한 지원을 병행해야만 한다. 민간기록관리에 대한 정부와 공공기간의 체계를 갖추는 작업과 민간현장에 대한 지원은 우선순위를 정해서 할 일이 아니라 모두 중요하고 시급한 일이기 때문이다.

민간 아카이빙
활성화를 위하여

민간 아카이브에 관한 논의는 공공기록물관리법 제정과 시행 초
기부터 꾸준히 있어왔다. 지방기록관 및 지방기록관 설립을 통해
민간 아카이빙을 구체적으로 실현하자는 내용이 주를 이루었는데,
여기서 지방기록은 지방자치단체의 행정기록은 물론이고 주민들이
생산, 소장하였거나 주민생활을 담고 있는 기록 등 민간기록을 포함
했던 것이다. 이러한 학계의 논의와 함께 지방자치와 분권을 위한
운동차원의 노력도 있어왔다. 이들 노력은 소기의 성과를 거두었다
고 평가할 수는 없겠지만, 단체설립과 활동, 법 개선, 연구의 심화
등 점진적인 성과를 이룬 측면이 분명히 있다.

현재 우리나라에서 많은 관심과 논의가 있는 민간 아카이빙은 이

러한 기록관리계의 역사적 흐름에서 보아야 한다. 이러한 배경에서 민간 아카이브 활성화를 위한 몇 가지 중요한 과제가 있다.

우선 현장에 필요한 '민간 아카이빙 방법론'을 적절하게 마련해 나가야 한다. 기록관리학(archival science)은 엄연히 학문체계를 갖추고 있는 분야이고, 국내 20여 개 대학에서 대학원 과정에 학과를 개설하여 인재를 양성하고 있으며, 관련 학회도 왕성하게 활동하고 있다. 물론 공공기관에는 전문가로서 기록관리직 정원이 확보되어 있기도 하다. 학계에서 민간영역 아카이빙에 대한 연구는 꾸준히 진행되어 왔지만 대체로 의미와 방향 설정, 사례조사 및 분석 정도에 머무르고 있다. 이와 별개로 민간영역에서는 자발적으로 아카이빙을 시작하고 있는 상황이다. 민간 아카이빙 현장에서는 방법론에 대한 갈증이 꾸준히 계속되고 있고, 일부에서는 아카이빙에 대한 오해도 드러나고 있다. 이제야 비로소 관, 이론, 현장이 만나고 있다. 서로 만나 지혜를 모아 정답을 구해 나갈 차례이다.

다음으로 '장기적인 기록물 소장 공간'을 확보해야 한다. 기록물이 장기적으로 안전하게 보존되어야 다양하고 원활하게 활용될 수 있다. 활용될 수 없는 기록은 아카이빙 된 것이 아니다. 아날로그 및 디지털 기록을 생산하거나 수집하더라도 이들이 장기적으로 안전하게 머무를 공간이 있어야 한다. 민간에서 장기적으로 아카이빙에 필요한 공간을 확보하는 것은 거의 불가능하다. 이점에 대해서는 지방자치단체의 역할이 중요하다. 특히 지방영구기록물관리기관 설치 대상 지자체에서 가치 있는 관내 민간기록의 장기보존 대책을 마련하는 것이 필요하다. 국가적으로도 지방영구기록물관리기관 설치로 분산보존을 추구하고 있고, 기초지자체는 영구보존시설을 갖추지 못하고 있는 상황에서 요사이 설립을 시작하고 있는 지방영구기록물관리기관이 초기부터 민간기록 보존에 대한 대책을 마련하는 것이 가장 현실적인 방안이라고 본다.

마지막으로 '지속가능한 활동을 보장'해야 한다. 민간 아카이빙 활동의 의미를 고려할 때 개개인의 의지와 열정에 의존해 지속가능하게끔 두는 것은 적절치 않다. 기록은 태생적으로 공공의 성격을 가지며, 공유되었을 때의 영향력은 은근하기도 하고 폭발적이기도 하다. 공적 가치를 지닌 민간기록과 민간기록 활동이 활성화되기 위해서는 공간 확보와 마찬가지로 공적자원이 뒷받침되어야 한다. 앞서 소개한 바와 같이 기록 활동가들을 양성하는 프로그램은 있지만 지속적인 활동을 보장하는 사례가 미미한 것은 단기 성과 중심의 사업방식, 아카이빙 활동에 대한 이해 부족, 장기적인 민관협력 사업의 사례 부족 등 여러 이유가 있다. 소위 '행정 마인드'의 단면들이다. 이를 극복하지 않고서는 민간 아카이빙의 미래는 없다. 공공기록관리 방법론으로 민간기록관리를 해결할 수 없듯이 관성화 되어 있는 공공기관의 행정적 사고와 사업방식으로 민간기록관리 활성화에 기여하기는 어렵다. 기존의 사고와 사업방식을 넘어서는 혁신이 필요하다.

한 사회가 민간영역의 기록을 관리하는 환경을 갖춘다는 것은 민간기록의 사회적 가치를 인정하고 공적으로 다룬다는 것이다. 이처

럼 개인의 일상과 공동체의 관계를 담고 있는 기록이 공공의 자원
이 되어 현재와 후대에 자원으로 활용된다는 의미는 한 사람 한 사
람의 삶이 존중되며, 이들이 사회구성의 주역으로 공인되는 과정이
다. '주민 중심', '주민 주도'는 더 이상 표어가 아니다. 민간 아카이
빙은 이렇게 우리 사회 진보의 한 축을 담당하게 될 것이다.

우리나라의 기록관리

세계기록유산, 조선왕조실록과 의궤

우리나라의 기록물 중 18개 기록물이 유네스코 세계유산에 등재되어 있다. 유네스코에선 기록유산과 함께 문화유산, 자연유산의 범주에서 세계유산을 선정하고 있다. '세계유산'이란 현재 보유하고 있는 해당 국가에만 중요한 것이 아니라 전 세계 사람들이 함께 보존해야 할 가치를 지닌다고 간주하는 것이다.

기록유산 분야에서는 우리가 세계에서 3번째로 기록물을 많이 등재한 나라이다. 그간 지역 강의에서 우리나라가 16개의 기록물을 등재해서 4번째로 많이 등재한 나라라고 설명했는데, 2023년 4.19 민주혁명 기록물과 동학농민혁명 기록물이 등재되면서 수량과 순위가 바뀌었다.

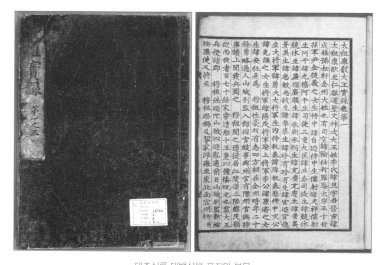

태조실록 태백산본 표지와 본문

출처 : 한국학중앙연구원 한국민족문화대백과사전 https://encykorea.aks.ac.kr (2023.12.11)

잘 알려진 《조선왕조실록(朝鮮王朝實錄)》도 그중 하나이다. 중국에도 왕조의 역사를 기록한 실록이 있으나, 분량과 상세함 면에서 조선왕조실록과는 비교가 되지 않는다고 한다. 만들어지는 과정 또한 매우 엄격하다.

먼저 사관이 사초를 집필한다. 사관은 그리 높은 직책은 아니었지만, 매우 중요한 임무를 맡은 전문적인 자리임에는 틀림없다. 사관이 처음 집필을 하면 그것은 '초초(初草)'다. 풀 초(草)자가 풀이라는 뜻도 있지만 역사 재료라는 뜻도 가지고 있다고 한다. 초초를 만들면 잘못된 내용은 없는지, 적합하지 않는 내용은 없는지 등을 꼼꼼하게 검토하고 수정, 보완하여 '중초(中草)'를 만든다. 중초를 다시 한 번 엄격하게 검토와 보완작업을 거쳐 '정초(定草)'를 만들게 되는데 그것이 실록의 대강을 이룬다.

조선왕조실록은 이렇듯 체계적인 과정을 거쳐서 만들게 된다. 당시엔 한지에 먹과 붓으로 글씨를 썼다. 실록이 완성되면 편찬에 사용하였던 기본 자료들인 춘추관 시정기와 사관의 사초 및 실록의 초초와 중초 등은 기밀 누설을 방지하기 위하여 세초(洗草)하였다. 물로 씻어내면 먹은 자취를 감추고 종이는 재생해서 사용할 수 있다. 조선 초기엔 한지를 물에 씻는 것을 세초(洗草)라고 불렀으며, 실록 편찬 과정에서 세초식은 중요한 절차 중에 하나였다. 조지서(造紙署, 종이를 만드는 일을 하는 관청)가 있던 자하문 밖 차일암에서 했다고 한다. 지금은 세검정이라는 지명이 더 익숙한데 행정구역으로는 종로구 신영동이다.

조선 후기에 이르면 물자가 풍부해지면서 세초 대신 소각하여 폐기했다. 기록관리를 하는 과정에서 폐기란 그냥 버린다는 의미가 아니라 복원 불가능하게 하는 것이다. 조선 왕조는 기록의 생산뿐만 아니라 폐기에도 매우 엄격하고 체계적으로 임했다는 것을 알 수 있다.

또한 조선왕조실록은 어떻게 보관했을까? 한 장소에 보관하는 것이 아니라, 자연 재해나 전쟁에서도 실록이 유실되는 것을 막기 위해 여러 장소에 분산하여 보존했다. 춘추관을 비롯하여 충주, 전주, 성주에 사고를 두고 4부를 만들어 각각 보관했던 것이다.

1592년 임진왜란이 일어나 춘추관과 충주, 성주 사고의 실록은 모두 불에 타서 소실되었는데, 전주사고의 실록은 선비 안의(安義)와 손홍록(孫弘祿)이 일본군이 금산에 침입했다는 소식을 듣고 사재(私財)를 털어서 《태조실록》부터 《명종실록》까지 13대의 실록 804권과 기타 소장 도서들을 모두 정읍의 내장산으로 옮겨놓았다. 그리고 이듬해 7월에 정부에 넘겨줄 때까지 1년여 동안 번갈아가며 지켜내 지금에 전해지게 된 것이다.

잘 알려진 바와 같이 조선왕조실록은 관료들은 물론이고 임금 또한 사사로이 열람할 수 없었고, 오직 국정 운영에 참고자료로만 활용할 수 있었다. 누군가에 의해 간섭을 받게 되면 공정하고 객관적인 역사 서술이 불가능하다는 판단 때문이었다. 이러한 전통은 실록이 편찬, 보존되는 동안 거의 지켜졌다. 이는 조선시대 사람들의 기록을 대한 사회적 합의와 문화를 보여주는 것이다. 이처럼 조선왕조실록은 그 내용적 가치와 함께 생산, 보존, 열람 및 활용에 이르는 기록관리 모든 단계에 있어서 절차적 완결성면에서도 높게 평가할 수 있다. 현대적인 기준으로 보아도 손색없는 세계적인 기록유산이다. 이와 관련된 내용은 국사편찬위원회에서 제공하는 조선왕조실록 홈페이지(https://sillok.history.go.kr)에서 더욱 상세하게 확인할 수 있다. 실록에 수록된 내용도 편리하게 검색할 수 있도록 원문 및 한글로 서비스하고 있다.

또 하나의 세계기록유산인 조선왕조의 《의궤(儀軌)》가 있다. 의궤란 왕실이나 국가의 주요 행사 내용을 정리한 기록을 말한다. 후대에 이 기록을 보고 참고할 수 있도록 꼼꼼하게 남긴 기록으로서,

매우 상세한 내용을 담고 있고 분량도 많다. 이 중 '원행을묘정리의 궤'는 정조가 1795년에 어머니인 혜경궁 홍씨를 위해 한강을 건너 100리 길을 이동하여 수원화성에서 축제를 벌인 8일간의 일정을 총 8책 635장 1270쪽의 그림과 글로 기록하여 남긴 의궤이다. 이런 상세한 기록을 활용하여 조선시대 연구자들은 당시의 상황을 구체적으로 연구할 수 있다. 또한 오늘날의 IT기술과 예술가들의 감각이 만나서 '왕의 행차, 백성과 함께하다'와 같은 새로운 콘텐츠를 제작한다. 이를 통해 많은 사람들이 과거 사람들의 삶을 입체적으로 들여다보고 그렇게 배운 교훈으로 앞으로 살아가는 데 있어 지혜를 얼

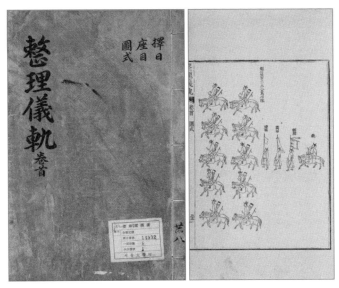

원행을묘정리의궤 표지 및 반차도

출처 : 서울대학교 규장각한국학연구원 의궤 종합정보 https://kyujanggak.snu.ac.kr/center (2023.12.11)

게 된다. 기록이라는 건 이렇게 세대가 세대에게 전하는, 사람이 사람에게 줄 수 있는 고귀한 선물이다.

'왕의 행차, 백성과 함께하다' 상영 중인 모습을 촬영함
국립중앙박물관 디지털실감영상관, 2020년 6월

지금 우리가 기록 활동을 하는 것도 다르지 않다. 우리가 지금의 가치기준으로 발굴하고 남기는 기록 하나 하나가 후대에 전해지면, 그것을 통해 우리가 생각하는 것보다도 훨씬 더 풍부한 의미와 가치를 그들은 발견하고 배움과 교훈, 또 우리 세대에 대한 이해로 이어질 것이다.

한편, 세계기록유산에 등록된 18개 기록은 모두 전근대 기록물은 아니고, 현대의 기록물도 포함되어 있다. 5.18 광주민주화 운동 기록, KBS 특별생방송 '이산가족을 찾습니다' 기록 등을 들 수 있다. 이렇듯 현재를 기록한다는 것은 언제일지 모를 나중을 위해서가 아니라 동시대에도 중요한 의미가 있다.

기록문화의 단절

　희한하게도 남자 어른들 중에 우리나라는 기록관리를 잘 못한다고 단정하면서 유독 일본을 거론하며 그들은 기록을 잘 관리한다고 확신에 차서 말하는 사람을 여럿 봤다. 학교 다닐 때 선생님들 중에서 여러 명이 그랬고, 최근에 구술 인터뷰 차 만난 원로 정치인도 그랬다. 그들이 왜 그런 생각을 가지고 있는지 모르겠지만 사실이 아니다.

　우리나라는 1910년에 일제에 의해 불법적인 강점이 시작되었다. 1945년, 일본이 2차 세계대전에서 패배하며 한반도에서 물러갈 때까지 35년간 식민통치를 당해야 했다. 일제에 의한 강점이 시작되기 직전인 1909년에 우리나라 관료사회에 일본인들이 이미 상당수 들어와 있었다. 통계에 의하면 예산을 관장하는 탁지부와 산업전반을 관장하는 농상공부에 우리나라 사람보다 훨씬 많은 숫자가 들어와 있었다. 이외에도 일제가 우발적 침략을 한 것이 아니라 치밀하게 계획하고 의도한 사실에 대하여 너무나 많은 기록이 입증하고 있다.

관서	高等官		判任官		계		합계
	일본인	한국인	일본인	한국인	일본인	한국인	
궁내부	18	165	31	226	49	391	440
내각	6	42	8	38	14	80	94
내부	107	350	470	844	577	1,194	1,771
탁지부	142	76	1,180	860	1,322	936	2,258
학부	28	27	137	386	165	413	578
농상공부	58	14	214	109	272	123	395
총계	359	674	2,040	2,463	2,399	3,137	5,536

통감부시기 대한제국 관료의 국적 및 인원 현황 (1909년 12월 기준)
출처 : 이경용,「한국의 근현대 기록관리제도사 연구 : 1894~1969년」, 중앙대학교 박사학위논문, 2002. 82쪽.

일본은 중세시대에 바후쿠(幕府)라고 부르는 정치체제, 섬나라로서의 지리적 여건, 자연재해가 심한 기후 및 지질환경 등에 있어서 우리나라와 형편이 많이 다르다. 이런 사정은 국가적으로 기록을 다루는 데에도 영향을 미쳤을 것이라고 생각한다. 추측컨대 일제가 침략과정에서 우리나라의 중앙과 지역의 관청과 민간 곳곳에 소장하고 있는 기록들을 확인하고 매우 새롭게 여기고 열등감을 느꼈던 것 같다. 우리의 기록제도와 문화를 완전히 무시하거나 왜곡한 걸 두고 말하는 것이다.

일제는 식민통치에 필요한 기록을 위주로 만들고 관리했다. 자신들의 치부가 드러나는 기록은 없애려고 했다. 수시로 기록과 정보를 조작하여 한국인 분열에 악용하거나, 역사를 왜곡하는 일도 서슴지 않았다. 게다가 우리의 소중한 문화가 담긴 기록유산을 약탈해 가기도 했다. 35년의 일제강점기를 겪으며 우리의 기록문화와 제도는 그야말로 말살되었다.

1945년 일제침략자들로 부터의 해방은 한반도에 하나의 나라가 재탄생하는 것을 의미하지 않았다. 강대국의 힘 관계 속에서 해방과 함께 분단이 시작되었다. 1920~1930년대 태어나신 분들을 구술 인터뷰하다 보면 꼭 같은 표현을 하지는 않지만, 대체로 "어, 어, 하다가 분단되었다."는 식으로 말하곤 한다. 갑작스레 그어진 3.8선은 6.25전쟁으로 이어지고, 수백만의 인명이 희생된 참화를 겪고서야 1953년 정전되었다. 당시 그어진 휴전선대로 지금도 남과 북은 대치하고 있다.

한반도 남과 북에는 각각 서로 다른 체제의 두 정부, 두 나라가 생겼다. 조선민주주의공화국을 나라 이름으로 사용하는 북측에 대해서는 지금도 제대로 알 수가 없어서 뭐라 말을 하기도 어렵다. 대한민국의 경우 초대 대통령 이승만은 장기집권을 하면서 부정과 부패로 이어지자 4.19민주혁명을 통해 국민들에 의해 쫓겨났다. 그 뒤로 군사정권, 독재 등 오명의 정권이 장기간 지속되었다.

식민지와 전쟁으로 폐허가 되어 경제적으로 세계 최빈국 중에 하나였고, 권위적인 정치세력이 권력을 장악하여 국민들이 소신대로 말과 행동을 하면 고초를 겪어야 했고, 침략자들에게 부역한 자들이 처벌 받기는커녕 득세하는 상황에서 보통사람들이 보통스럽게 살아가기에는 너무나도 벅찬 환경이었다. 이런 상황에서 보통사람들이 '기록'을 생각하기란 쉽지 않다. 권위주의 정권은 국민을 통치와 동원의 대상으로 보았을 뿐 국가의 주인으로 보지 않았다. 당연하게도 기록을 제대로 생산하지도 관리하지도 않았다. 떳떳하지 못한 일을 누군가 알게 되는 게 싫었을 것이고, 책임지기도 싫었을 것이다. 그렇게 우리는 거의 100년 가까이 그야말로 찬란했던 기록관리 문화와 전통을 잊고 살았었다.

기록관리 관련 법률의 탄생과 변천

종이기록에서 전자기록으로

우리나라에서 기록관리가 제도적으로 부활한 것은 민주주의의 발전과 궤를 같이한다. 특히 분수령이 된 건 1987년 6월 항쟁을 거치면서 대통령 직선제를 골자로 하는 새로운 헌법이 탄생한 일이다. 많은 사람들이 제도적 민주주의의 실현을 자랑스러워하면서, 한편으로는 앞으로의 과제도 고민하였다. 앞으로 민주주의를 잘 정착시키고, 더욱 발전시키려면 어떻게 해야 할까? 이를 위해서는 우리가 걸어온 길을 다시금 꼼꼼히 되돌아 볼 필요가 있었다.

우리 사회의 근본적인 문제는 무엇인가? 분단인가? 부의 불평등인가? 분석하기 위해서는 기록이 있어야 하는데 있어야 할 기록을 찾을 수 없었다. 정작 우리는 필요한 기록을 제대로 관리하고 있지 못하는 동안, 우리의 기록을 일본, 미국, 중국, 러시아 등 다른 나라들이 보유하고 있는 경우도 있었다. 그 나라들에 가서 우리 기록을 비용을 지불하고 복사하거나 가져와야 했다. 우리나라에서 만들어진 기록이 정작 우리나라에는 없고, 외국으로 흩어진 상황에서 대가를 치르고 다시 가져와야 하는 황당한 상황인 것이다.

　대부분의 나라들은 기록관리에 관한 법과 제도를 갖추고 있었다. 우리가 잊고 사는 동안 지나가버린 시간이야 어쩔 수 없지만, 이제부터라도 우리의 기록은 우리 스스로 잘 관리 하자는 목소리가 나오기 시작했다.

　1999년 1월 29일, '공공기관의 기록물관리에 관한 법률'(법률 제5709호)이 제정되었다. 시행은 그 이듬해인 2000년부터였다. 그러나 '공공기관의 기록물 관리에 관한 법률'은 2006년에 '공공기록물 관리에 관한 법률'로 전부 개정되었다. 물론 기록관리에 관한 법률로서 맥은 이어가지만 1999년에 만들어진 법과, 2006년에 전면 개정된 법은 내용이 전혀 다르다.

　1999년과 2006년 사이, 우리들의 생활과 일하는 방식에서 가장 큰 변화가 일어난 부분은 디지털 환경이라고 할 수 있다. 디지털 분야의 세계적인 배경도 있지만, 국민의 정부 시기 전자정부를 표방하면서 과감하고 빠른 속도로 디지털 환경을 도입한 것이 중요한 요인이다. 생활과 업무에 있어서 컴퓨터를 사용하는 환경이 순식간에 정착되었다. 전자기록을 다루는 것과 종이기록을 다루는 것은 개념과 방법론에서 전혀 다르다. 대표적으로 종이기록 원본은 유일함에서 비롯된 여러 중요한 의미를 갖지만 전자기록에서는 원본이라는 개념이 모호하다. 당초 생산된 전자기록과 같은 수많은 사본이 존재할 수 있다.

1999년 공공기록물관리법이 처음 생길 때는 종이기록을 대상으로 한 내용이었는데, 2006년 전부개정 된 공공기록물관리법은 전자기록을 관리하는 것을 전제로 한 법이다. 과거의 종이기록 중 보존해야 할 기록은 디지털파일로 변환해서 현행법에 따라 관리하고 있다.

대통령 기록물 관리에 관한 법률 등장

1999년에 공공기관의 기록물 관리에 관한 법률이 제정될 때 법조문에는 대통령 기록에 대한 내용을 간략하게 담고 있었다. 하지만 대통령 중심제 국가인 우리나라에서 대통령 기록은 매우 중요하다. 대통령이라는 직책은 정치, 경제, 사회, 문화, 외교, 국방, 안보, 통일, 예술 등 모든 분야와 무관하지 않다. 정치, 행정에 있어 최고의 지위에서 국정운영을 책임지면서 세계무대에서는 글로벌 리더로 활동하는 매우 중요한 자리이다. 이러한 역할과 관련된 기록을 보다 체계적으로 관리할 필요성이 대두되었고, 2007년 4월 27일 '대통령 기록물 관리에 관한 법률'을 제정하게 되었다.

법에서 명시한 대통령 기록물이란 '대통령(대통령권한대행, 대통령당선인 포함)의 직무수행과 관련하여 생산, 접수한 기록물'을 의미한다. 대통령, 대통령의 보좌기관, 자문기관 및 경호업무를 수행하는 기관, 대통령직 인수위원회 등에서 생산, 접수한 기록물과 국가적 보존가치가 있는 대통령 상징물, 대통령이 직무수행과 관련하여 국내외에서 받은 선물이 포함된다.

대통령기록관리법 제정 이후 같은 해 12월, 대통령 기록관이 설치되었다. 독립적이고 전문적으로 대통령 기록을 관리하는 기구로서 현재 세종시에 위치하고 있다. 누구나 방문하면 상설전시를 관람할 수 있다.

기록관리 영역의 확장

공공기록물관리법 전부개정의 배경으로 하나 더 소개할 내용이 있다. 법의 명칭변화에서도 알 수 있듯이 공공기관뿐만 아니라, 민간에서 생산, 소장하고 있는 기록물 중에도 국가적 보존관리가 필요하다고 가치가 인정되는 기록은 법의 관리범위 안에 두자는 취지가 반영되었다. 다시 말하자면, 법이 효력이 미치는 대상범주를 공공기관뿐만 아니라 민간영역까지 넓힌 것이다. 소장한 사람이 신청할 수도 있고 국가기록원에서 지정할 수도 있는데 물론 강압적이거나 일방적으로 처리할 수는 없다. 민간기록물에 대한 내용을 구체적으로 마련하지는 못한 한계가 있지만, 중요한 변화임에는 틀림없다.

이러한 법률의 변화로 오랫동안 일기를 기록해 온 민간인의 자료를 국가에서 지정하여 기증 받는 사례가 생기고 있다. 마을 공동체에서 아카이빙 활동의 일환으로 주민들의 삶을 담은 기록을 만들거나 모으는 경우, 과거에는 자체적으로 해결해야 했으나, 이제 협의할 근거가 마련된 것이다. 법 개정의 취지와 조문내용을 적극적으로 해석하면 중앙기록물관리기관인 국가기록원 또는 지역의 영구기록물관리기관 등과 협의할 여지가 생긴 것이다.

그럼에도 불구하고 법외 영역에서는 아직 기록관리 체계를 도입하지 않거나, 초보적인 수준에서 하고 있는 경우가 대부분이다. 기업의 경우 업무환경 대부분이 디지털 환경으로 정착되면서 PC 등을 통해 기록을 생산, 유통하고 있으며 사내 정보공유와 업무효율을 높이기 위하여 다양한 프로그램을 통해 현용기록을 관리하곤 한다. 하지만, 이들 기록이 사외의 다중에게 공개되는 경우는 거의 없다. 한편, 기업의 사료를 별도로 관리하여 전시관, 책자, CF 등을 통해 홍보나 마케팅에 활용하는 사례도 있다. 대체로 현용기록과 사료를 관리하는 배경과 주체가 이원화되어 있다. 기업의 기록 또한 공공재에 가깝다. 업무상 보안을 요구하는 현용기록은 당장 곤란하다 하더라도, 역사적 가치를 지닌 기업기록에 대해서는 사회적 자원으로 관리하고 시민들과 공유할 수 있는 방안을 모색할 필요가 있다.

NGO나 NPO 등에선 대중적 신뢰를 확보하고 조직이 하는 일과 목적을 널리 알리기 위하여, 기록관리를 위해 다각도의 모색과 시도를 하는 사례를 종종 볼 수 있다. 특히 기관의 홈페이지를 통해서 자신들이 생산하는 기록과 정보를 적극적으로 공개하는 모습을 볼 수 있는데, 생산-관리(보존)-활용의 과정을 체계적으로 갖추고 전담인력을 배치하지는 못하고 있다. 의지에 비해 아카이빙 여건을 충분하게 확보하지 못하고 있는 것은 민간조직으로서 재정 형편이 넉넉지 못한 것이 이유라고 보인다.

지역 문화원, 도서관, 지자체별 중간지원조직 등은 지방자치단체 및 공공기관과 긴밀한 협력관계를 가지고 업무를 수행하고 있는 관계로 공공기관과 유사한 기록생산 양상을 갖는다. 그럼에도 불구하고 기록관리법의 의무대상 기관이 아닌 경우가 있어서 기록물의 생산, 관리 및 보존 현황을 파악하기 어려우며 현용기록 중 일부를 한시적으로 관리하는 것으로 보인다.

영국의 석유회사 BP는 지역 대학 아카이브에 자사의 기록을 보관하면서 해당 대학과 다양한 협력을 하고 있다고 한다. 기업은 자사의 기록을 안전하게 보존해 주는 것에 대한 대가로 일정금액을 대학에 기부한다. 대학은 있는 시설을 활용하여 재원을 확보하고 장학금, 연구비 등으로 사용한다. 보존되는 기업기록은 연구 자료로 활용되어 지속적으로 연구 성과로 축적된다. 기업, 대학, 사회 모두에게 이로운 아카이빙 사례라고 본다.

몇 해 전 UN의 사진 아카이브에서는 보존서고를 확보하기 위하여 국내 대학 몇 곳과 협의하다가 결과적으로는 무산된 적이 있다. 만약 국내 한 대학에서 UN의 사진 아카이브를 유치했다면 그 대학의 위상뿐만 아니라 우리나라 입장에서도 여러모로 좋은 기회가 되었을 것이다. 반드시 법률에 의해서가 아니라 민간기록의 안전한 관리와 보존 그리고 활용을 위한 사회적 노력이 활성화되었으면 한다. 특히 기업의 기록이 사회적 자산이 되도록 하는 창의적인 방안을 모색해 가면 좋겠다.

기록관, 특수기록관, 영구기록물관리기관

우리나라 공공기록물관리법에서 기록물관리기관이란 '일정한 시설 및 장비와 이를 운영하기 위한 전문 인력을 갖추고 기록물관리 업무를 수행하는 기관'을 말한다. 기록관, 특수기록관 및 영구기록 물관리기관으로 구분한다.

기록관과 특수기록관은 자 기관의 기록관리에 대한 계획을 세우고, 기록관리 및 정보공개 청구의 접수, 관할 공공기관에 대한 기록관리 업무 지도, 교육 등을 수행한다. 기록관과 특수기록관은 소장 기록물을 관리, 보존할 수 있는 연한이 다를 뿐 궁극적으로는 영구기록물관리기관으로 기록을 이관해야 한다.

이에 비해 영구기록물관리기관은 다른 기관에 기록을 이관하지 않고 영구적으로 보존하는 기관이다. 기록물의 영구보존에 필요한 시설 및 장비와 이를 운영하기 위한 전문인력을 갖추어야 하며 중앙기록물관리기관(국가기록원), 헌법기관기록물관리기관(대법원, 국회, 중앙선거관리위원회, 헌법재판소), 대통령기록관이 있다. 그리고 지방기록물관리기관도 영구기록물관리기관이다. 여기에는 특별시, 광역시, 특별자치시, 도 및 특별자치도가 포함된다. 즉, 보편적으로 말하는 광역 단위의 지자체는 모두 영구기록물관리기관을 설치해야 한다고 의무화하고 있다.

그러나 우리나라 광역자치단체에서 영구기록물관리기관관을 두고 있는 곳은 단 두 곳에 불과하다. 2018년 개관한 경남기록원과 2019년 개관한 서울기록원으로서 이들 모두 행정기록은 물론이고 주민들의 일상 기록도 대상으로 하겠다는 점을 표방하고 있다.

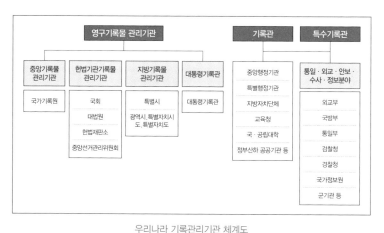

우리나라 기록관리기관 체계도

출처 : 국가기록원 https://www.archives.go.kr (2023.12.01)

기초자치단체의 경우는 어떨까? 기초자치단체에서 영구기록물 관리기관을 설치하고자 하는 의사가 있을 경우 국가기록원과 협의하여 설치할 수 있다. 예를 들어 마포구청에서 영구기록물관리기관으로 마포구기록원(가칭)을 설치하려고 할 경우, 국가기록원과 협의해서 추진할 수 있다는 것이다. 제도적으로 가능하도록 열려 있음에도 적지 않은 인력, 예산 및 공간 등이 필요한 일이기에 기초자치단체에서는 현실적으로 어려운 일이기는 하다. 현재 2022년 개원한 청주기록원이 유일한 사례이다.

광역지방자치단체의 선행 사례를 보더라도 수년간의 준비과정이 필요했다. 서울기록원의 경우 2013년 서울기록원 설립을 위한 기초연구를 시작했지만, 장소확정, 예산확보, 인력충원 등의 과정에서 시의회의 승인을 거쳐야 하는 등 지난한 과정을 거쳐 2019년에야 비로소 개원할 수 있었다.

지역에서 생산, 소장하고 있는 시정기록과 시민기록을 다른 곳으로 이관하지 않고 그 지역에서 영구적으로 책임 있게 관리하며 공유하는 것은 의미 있다. 문화, 역사, 사회적 관점에서 지역의 정체성을 주체적으로 관리하는 것이고, 자치와 지방분권의 관점에도 부합한다. 2006년 법 개정에서 명시한 내용임에도 불구하고 많이 늦었지만 현재 전국의 많은 광역자치단체에서 영구기록물관리기관 설치를 위한 준비와 노력을 하고 있는 것을 언론보도를 통해 확인할 수 있다. 간혹 추진하다가 멈추거나, 계획을 축소하고 있는 경우도 있지만 머지않아 하나둘씩 개원소식을 접할 수 있을 것으로 기대한다.

기록관리의 제도화가 갖는 의미

대통령 기록 소장현황을 통해 법률과 제도의 중요성을 살펴보고자 한다. 1948년 취임한 초대 이승만 대통령부터 1998년 퇴임한 문민정부 김영삼 대통령까지의 역대 대통령 재임 시기는 약 50년이다. 2022년 12월 31일 기준으로 대통령기록관에는 이 50년에 해당하는 대통령 기록이 약 55만 건 가량 소장되어 있다.

이어 집권한 국민의 정부 김대중 대통령 재임 5년간의 대통령 기록은 약 95만 건 소장되어 있다. 역대 대통령들이 50년간 남긴 기록의 두 배에 가까운 기록물을 남긴 것이다. 그러나 당시 기록학계에서는 공공기록물관리법을 제정한 시기의 대통령으로서 더 철저하고 꼼꼼하게 기록을 남겼어야 한다는 냉철한 비판이 있었다.

유형 / 대통령	합계 (건)	문서류		시청각 (전자+비전자) (장/건)	행정박물 (선물포함) (점)	행정정보 데이터 세트(건)	웹기록 (건)	간행물, 도서 등 (권/개)
		비전자 (건)	전자 (건)					
이승만	95,541	26,279	–	65,305	16	–	–	3,941
허 정 (권한대행)	288	173	–	–	–	–	–	115
윤보선	3,657	3,050	–	295	–	–	–	312
박정희	81,878	64,179	–	16,527	623	–	–	549
최규하	46,187	11,319	–	19,677	11,643	–	–	3,548
박충훈 (권한대행)	49	48	–	0	1	–	–	0
전두환	103,746	46,856	–	54,241	2,048	–	–	601
노태우	64,670	48,846	–	9,851	5,573	–	–	400
김영삼	145,108	101,183	–	38,179	3,673	–	–	2,073
김대중	952,342	321,634	–	158,029	2,181	56,877	411,876	1,745
노무현	7,875,389	561,305	1,029,261	739,629	2,802	556,377	4,971,158	14,857
고 건 (권한대행)	1,916	328	–	1,546	–	–	–	42
이명박	9,492,797	371,452	616,289	287,218	4,516	3,071,680	5,134,137	7,505
박근혜	8,314,746	227,710	522,707	279,187	2,102	3,349,855	3,931,042	2,143
황교안 (권한대행)	350,103	8,997	996	12,258	28	327,656		168
문재인	11,163,115	152,146	741,466	2,127,334	2,324	3,217,516	4,920,237	2,092
총계(건)	38,691,532	1,945,505	2,910,719	3,809,276	37,530	10,579,961	19,368,450	40,091

역대 대통령기록물 소장현황

출처 : 대통령 기록관 https://www.pa.go.kr (2023.12.20)

제16대 노무현 대통령의 경우, 약 8백만 건의 기록을 남겼다. 이전 대통령들과는 비교할 수 없이 많은 양의 기록물을 남겼다. 물론 노무현 대통령 집권기는 전자기록이 활성화되어 기록물 생산이 상대적으로 수월했지만, 그래서만은 아니다. 최근 인터뷰한 참여정부의 수석비서관으로 근무했던 분의 회고에 따르면 수석비서관들의 특수활동비 내역 관련 기록도 모두 대통령기록관으로 이관했다고 한다.

노무현 대통령 기록물은 수량이 매우 많아 노 전 대통령이 서거한 후에야 파악과 검토가 마무리 되었는데, 여기에 참여했던 연구자가 학계에 보고하는 자리에서 "노무현 대통령과 참여정부는 대통령 기록에 관한한 남길 수 있는 것은 모두 다 남겼다고 판단한다."고 했다.

이어 집권한 이명박, 박근혜, 문재인 대통령의 경우에도 약 1천만 건 내외의 기록이 대통령기록관에 소장되어 있으나, 아직 파악과 검토가 마무리 되지 않아서 언급하기에는 이르다. 다만, 수량만 보았을 때 기록관리법과 제도가 마련된 시기와 그렇지 않은 시기는 명확한 차이가 있다는 점은 주목할 만하다.

한 사회의 건강성을 만들고 유지하는 법을 만드는 것은 매우 중요하다. 한번 잘 만들어진 제도는 문화로 이어지고 쉽게 무너지지 않는다. 좋은 제도를 악용하는 사람은 어느 분야에나 있기 마련이다. 다소 부침이 있다 하더라도 관심을 가지고 칭찬할 건 칭찬하고, 비판할 건 비판하면서 대통령 기록관리 제도가 건강하게 운영되도록 시민사회의 참여와 감시가 필요하다.

우리나라 기록관리의
현재와 미래*

    우리나라는 결코 외국에 비해, 기록관리를 못하는 나라가 아니며 기록관리의 전통과 문화가 없는 나라도 아니다. 현대사의 격동과 수난을 거치며 불가피한 공백기가 있었고, 다소 늦었지만 1999년 기록관리 제도를 정비한 나라로서 불과 20년 남짓한 시간 동안 매우 빠른 속도로 선진적인 기록관리 체계를 구축했다. 최근에는 우리나라의 기록관리 제도와 방법, 디지털 시스템 등을 외국에 전파하기도 한다. 이러한 성과적 측면에도 불구하고 최근 기록관리를 둘러싼 여러 징후들은 그간 수많은 사람들이 힘겹게 한 걸음 한 걸음

---

* 이 단락의 대부분의 내용은 필자가 2023년 7월 한국기록학회에서 발간하는 학술지 『기록학연구』 제 77호 논평과 발언에 게재한 '현 시기 기록관리 난맥상 어떻게 대처할 것인가'를 재구성한 것임을 밝힙니다.

내딛으며 이루어 온 성과를 무시하거나 뒤로 돌려놓으려는 것으로 보여 심각한 위기감을 느낀다.

우리나라에 기록관리 분야의 학문과 제도가 시작되던 시기인 2000년 12월 한국기록학회가 출범했다. 유감스럽게도 20여 년이나 지난 오늘날 한국기록학회 창립취지문을 다시 펼쳐보며 기록관리의 퇴행을 우려하고 있다.

인류역사는 기록을 매개로 한 지식의 전승에 의해 추동되어 왔다. 한국의 경우도 예외가 아니다. 문화의 창조와 전승을 중요시하던 우리 선조들은 치적ㆍ사회적ㆍ문화적 삶의 결과물로 수많은 기록을 만들어 내었으며 이를 후세에 전하기 위하여 노력을 아끼지 않았다.

그러나 불행하게도 수많은 병화(兵禍)와 정치적 격변, 그리고 일제 침략과 식민지 지배라는 암울한 역사 과정을 거치면서 우리의 기록들은 인멸(湮滅)ㆍ변조ㆍ약탈ㆍ은폐되는 불행을 맞게 되었다.

왕조의 기록은 정치적 입장에 따라 왜곡되었고, 사찬(私纂) 사료는 가문의 화근이 될 수도 있다는 피해의식을 불러일으킴으로써 문헌의 사장이 가속화되었다.

기록의 망실은 일제 침략기에 접어들면서 더욱 심해졌다. 조선총독부는 자신의 부정적 측면을 은폐하기 위하여 중요 정책 문헌을 소각해 왔고 이러한 관행은 해방 이후 정부행정체계 내에서도 쉽게 없어지지 않았다. 사회 발전을 매개하는 기록의 생산ㆍ보존ㆍ활용은 부정과 비리를 은폐하기 위한 무분별한 폐기 행위에 묻혀 정부·국민 모두의 관심 밖으로 밀려나게 되었다.

이러한 역사과정의 결과는 기록문화의 전반적 왜곡이라는 현실을 낳았다. 1999년에 [공공기관의기록물관리에관한법률]이 제정 공포되고, 국가기록 관련기관의 노력에도 불구하고 아직 과학적 기록관리는 확립되지 못한 상황이다. 지금도 정책의 시행 과정과 결과를 기록으로 남기고 이를 체계적으로 전승시키려는 의지가 아직도 정착되지 못한 상황이다. 보존되어 있는 국가기록도 일반 국민은 물론 학자나 행정 관리에게조차 효율적으로 활용되지 못하고 있는 실정이다. 또한 기록보존 전통의 단절로 인하여 일반 사회에서도 귀중한 민간역사 자료들이 귀중한 가치를 인정받지 못하고 있다.(후략)

우선 대통령 기록관리 분야이다. 2023년 상반기 정부는 전직 대통령 기록물에 대한 열람권을 축소하는 내용의 대통령기록물법 시행령 개정을 시도했다. 이에 대하여 기록학계 및 관련 단체는 입장을 발표하고 의견을 개진하며 대화를 시도했다. 한국기록학회, 한국기록관리위원회, 사단법인 한국기록전문가협회 및 투명사회를 위한 정보공개센터 4단체가 2023년 3월 7일 행정안전부공고 제2023-380호로 공고된 '대통령 기록물 관리에 관한 법률 시행령 일부 개정령 안'이 국가 주요기록물에 대한 이해가 결여된 '행정 편의적 조치'라는 점에 인식을 같이하고 전체 A4용지 8쪽 분량의 의견을 제출하였다.

시행령 개정안은 전직 대통령과 대리인의 열람권을 보장한 '대통령기록물법' 제18조 제4항에 대하여, 대리인의 대통령 기록 열람 대상과 범위를 임의적으로 제한하고 대통령기록관에 대한 이용접근 자체를 원천적으로 차단하는 내용을 담고 있다. 또한, 대리인 등의 열람 범위를 가족 관련 개인정보, 권리 구제, 전기 출판으로 제한하여 열람의 범위를 축소시켰으며, 열람 가능 여부 확정을 '대통령기록관리전문위원회에서 60일 이내에 심의하도록 하여' 공개를 제한할 수 있는 '악법적 조항'을 만들었다. 그리고 전직 대통령 등이 대리인을 지정하는 절차 또한 기존 15일에서 90일로 연장하도록 하였고, 대통령기록관장의 대리인 철회 조항을 신설하는 등 대통령 기록의 적극적인 공개와 활용이라는 법 취지를 무색하게 하였다.

이는 대통령 기록의 열람을 과도하게 제한할 수 있는 장치를 마련하여 향후 대통령 기록관리에 있어서 정쟁에 휘말릴 소지를 만든 것이며, 대통령기록관의 공공 아카이브 기능을 훼손시키는 것이다. 대통령 기록물은 대통령 개인의 자산이 아닌 국민의 재산이며, 대통령 재임기간 대한민국의 기억과 역사를 온전히 비춰주는 거울이다. 따라서 당대의 기억과 역사를 국민들에게 적확하게 알리기 위해 대통령기록관은 보존 중인 기록의 활용을 위해 끊임없이 업무절차를 혁신하고 개선하기 위해 노력해야 한다는 점을 촉구하였다.

이에 대하여 주무기관인 대통령기록관 담당자의 실명으로 회신해 온 내용은 선뜻 이해하기 어렵다.

대통령 기록물 관리에 관심과 의견을 주신 점 감사드리며 보내주신 의견에 대해 답변 드립니다.

대통령기록관에서는 전직 대통령이 유고(有故)된 경우 가족의 추천을 받아 대리인(열람권자)을 지정할 수 있도록 법률 개정('21.3.)을 하였으나, 유고 시 대리인의 지정절차, 열람범위·방법 등을 보다 구체화할 필요가 있어 본 시행령 개정을 추진하게 되었습니다. 본 개정안은 '유고 시 대리인 등의 경우 대통령령으로 열람범위·방법 등을 달리 정할 수 있도록 규정한 대통령기록물법 제18조 제4항 등을 근거로 추진하고 있습니다.

의견에 다시 한 번 감사드리며, 추후라도 필요시 법령 개정에 반영할 수 있는지 여부를 검토하겠습니다. 감사합니다.

법률의 취약한 부분을 악용하여 대통령 기록의 열람과 활용을 제한하겠다는 것에 다름 아닌 말을 회신으로 보내온 것이다.

한편, 대통령기록관장을 석연치 않은 이유로 해임하였다. 대통령 기록관리에 있어서 업무환경과 제도를 개선하는 데 대한 관장과 직원 간의 입장에는 차이가 있을 수 있다. 관내에서 충분한 토론을 거쳐 해결해 나갈 일이다. 다소 불협화음이 있을 수도 있으나 중요한 사안에 대해서는 법률에 따라 대통령기록관리전문위원회의 심의를 통해 결정해 나가면 된다. 그런데도 불구하고 상급기관인 행정안전부가 나서서 관장을 부당업무 지시자로 몰아 해임시켰다. 상식적이지 않다.

국가기록관리위원회는 공공기록물관리법에 의거한 국무총리 소속기관으로서 국가 기록관리에 대한 자문과 심의를 한다. 2023년 새로 구성된 국가기록관리위원회 위원장은 첫 공식회의에서 우리나라 기록관리 제도에 대한 이해를 갖추지 못한 채 사실이 아닌 내용을 발언했다. 언론에도 잠시 보도되었던 북으로부터 선물로 받은 풍산개와 관련한 내용이다. 대통령 선물인 동식물은 공공기록물법상 기록물이 될 수 없는데, 전임 대통령 재임 시 급하게 대통령기록물법 시행령을 개정해서 동ㆍ식물을 대통령 기록물의 범주에 포함시켰으니 되돌려 놓아야 한다는 것이다.

사실과 다르다. 대통령기록물법은 공공기록물법의 특별법 성격을 띠며, 대통령 기록관리에 관해서는 다른 법률에 우선하여 이 법을 적용하되, 이 법에 규정되지 않는 사항은 공공기록물법을 적용한다고 규정하고 있다. 이미 이명박 정부 때 대통령 기록에 대통령 선물이 포함되는 것을 명시하였고, 박근혜 전 대통령이 인도에서 선물로 받은 보리수나무도 대통령 기록이 된 바 있다.

다만, 동식물은 일반적인 기록물과 달리 대처해야 하므로 지난 정부에서 시행령을 개정하여 '대통령 기록물 생산기관의 장이 동식물을 더욱 효율적으로 관리할 수 있다고 인정되는 경우에 다른 기관에 이관할 수 있다.'는 내용을 담았다. 대통령기록관에서 동물, 식물을 관리하려고 전문인력과 시설을 갖추는 것보다, 해당 분야 전문기관에서 돌보고 대통령기록관은 점검을 하는 것이 합리적이라는 판단에서 그렇게 한 것이다. 그럼에도 불구하고 마치 지난 정부에서 자의적이고 함부로 대통령 기록을 다룬 것처럼 호도한 것이다. 이 발언을 한 사람은 불과 7개월도 채 안 되는 동안 위원장직에 있다가 그만두었다.

　국무위원의 기록에 대한 무지도 우려를 사고 있다. 이주호 교육부장관은 국회에 출석해서 대통령의 지시사항 이행 관련 기록이 없음을 지적 받자 "구두로 말씀하셨다."라고 하였다. 우리나라 헌법에는 '제82조 대통령의 국법상 행위는 문서로써 하며, 이 문서에는 국무총리와 관계 국무위원이 부서한다.'고 규정하여 문서주의 원칙을 담고 있다. 이는 공공기록물법, 대통령기록물법에도 구체적으로 담겨 있다. 만일 교육부장관의 말이 사실이라면 대통령 지시사항을 기록으로 관리하지 않은 것으로서 헌법과 법률에 따라 업무를 수행하지 않은 것이고, 그렇지 않다면 대통령의 지시사항이 없었는데 있었다고 거짓 발언을 한 것이다. 이상과 같은 현 정부 인사들의 최근의 행태는 기록관리에 무지하고 기록관리를 외면하는 한편 정치적 경쟁상대를 모욕주고 깎아내리는 데 악용하는 것이라고 볼 수밖에 없다.

　강조하건데, 기록물로서 아카이브는 사회의 여러 측면에서 매우 중요한 역할을 한다. 한 사회의 시대상을 담고 있는 다양한 유형의 기록물로서 그 시대의 거울이다. 기관으로서 아카이브는 기록물의 저장소이자 사회적 책임, 역사적 기억의 보존과 전파를 담당하는 문화기관이다. 디지털 환경이 가속화되고 사람들 간의 소통과 연결이 다양해지고 복잡해지는 세상에서 문화적, 사회적, 정치적 관계에 대한 풍부한 이해를 돕는 역할도 점차 강조되고 있다.

100여 년 단절된 기록관리 제도를 이어내고, 새로운 정치, 행정, 문화, 기술 등의 환경에 맞게 혁신을 추진하는 일은 정부가 의지를 갖고 결심한다고 쉽게 되는 일은 아니다. 장기적인 계획과 추진동력을 확보하고, 산, 관, 학 여러 주체들이 복잡하게 얽혀 있는 서로의 입장과 이해관계를 풀어내면서 자기 몫을 해낼 때 비로소 가능한 일이다. 그럼에도 불구하고 기록관리에 대한 의지조차 없는 정부에서는 애써 진전시켜 온 성과를 무력화하는 것은 물론, 한참을 뒤로 돌려놓는 행태는 온 국민이 일구어 온 민주주의 역사에 정면으로 배치하는 것이다.

그럼에도 불구하고 비관적이지만은 않다. 우리나라의 현대 기록관리는 공공영역으로부터 출발했다는 점, 즉 하향식(top-down)으로 제도화되었다는 점이 특징이라고 할 수 있다. 옳고 그름의 문제로 볼 일이 아니고 우리 사회가 걸어온 길을 반영하는 특징이다. 이에 따라 토대가 아직은 미약한 측면이 있다. 그런 데서 오는 과정의 오류라고 본다.

반면 민간영역은 상향식(bottom-up)으로 전개되고 있는 양상이다. 아카이빙에 대한 필요성을 인식한 각 주체들이 스스로의 필요성에 따라 형편에 맞게 추진하고 있다. 사회 모든 영역이 그렇듯 민과 관의 두 축이 상호 견제와 협력 속에서 상승 발전하는 것이 이상적이다. 기록관리 분야도 마찬가지다. 민간영역의 아카이빙 논의는 그러한 의미에서 발전과 확산의 풍부한 가능성을 기대하게 된다.

하지만, 기록 분야 종사자과 전문가들이 민간영역의 저력만을 믿고 마냥 손 놓고 있어서는 안 된다. 기록전문직은 전문성, 독립성, 중립성을 동시에 요구받는 분야다. 전문성은 공부만 한다고 갖게 되는 것이 아니다. 부단한 연구와 함께 현장에 대한 충분한 이해를 갖출 때 전문성을 갖게 된다. 독립성은 세상일에 무감하게 홀로 있으라는 말이 아니다. 무엇엔가 일방적으로 의지하거나 속박되지 말고 자발적이고 능동적으로 줏대 있게 처신해야 한다는 의미다. 중립성은 기계적으로 그 어딘가 중간에 있으라는 말이 아니다. 권력에 주눅 들거나 휘둘리지 말고 인간만이 가진 이성적 능력을 발휘하고 양심이 가리키는 옳은 바를 지향하는 것이 진정한 중립이다. 기록전문가들에게 국가적 기록관리 난맥상은 결코 남의 일이 아니다. 현 시기 위기에 맞서 기록전문가 한 사람 한 사람이 스스로 전문성, 독립성, 중립성을 갖춰나가면서 공론과 실천에 나서야 할 것이다.

지난 10월 아랍에미리트의 아부다비에서 열린 ICA(International Council on Archives) 총회의 주제를 환기하고자 한다. 전체 주제는 '지식 사회의 풍요로움'이고 부주제는 '평화와 관용'이었다. 오늘날 세계는 분쟁과 도전에 둘러싸인 채 팬데믹 이후를 맞이하고 있는데, 전 세계의 아카이브는 국가의 집단기억으로서 국제무대에서 벌어지는 도전에 맞서야 한다고 취지를 소개했다. 이에 아카이브는 평화, 관용, 협력을 증진하여 사회를 풍요롭게 하는 역할을 수행해야 한다고 강조했다. 이처럼 전 세계적으로 시대가 요구하는 기록인의 상은 기능적으로 아카이빙을 잘 해내는 것도 중요하지만, 인류

보편질서에 입각한 철학을 갖고 자기가 속한 국가와 사회의 문제에 맞서 실천적으로 임하는 것을 요구하고 있다.

나가는 말

아카이브,
더 많은 사람과 함께 가는 새로운 길

    이 책을 집필하는 과정에서 겪게 된 몇 가지 일들은 잊을 수 없는 기억으로 남을 것 같다. 민간영역의 일상과 공동체 아카이브를 추진하는 과정에서 언젠가는 겪어야 할 일인 것 같기도 하다. 오랫동안 염두하고 극복해야 할 일들이라 여기며 내 생각을 정리해 본다.

    첫째, 스스로를 연구자 또는 전문가라고 여기는 이들의 보수성과 현장 활동가들의 자의성에서 나오는 극단적인 경향을 경계한다. 아카이빙이라는 표현을 사용하면서 활동하는 사람들 중에 아카이빙이 갖추어야 할 기본적인 사항을 외면하고 현장성만을 강조하는 경향이 있다, 예를 들면 기록물 확보 없이 책을 만드는 일을 아카이빙이라고 하는 경우다. 물론 책은 그 자체로 좋은 기록매체이다. 하지만 책을 만드는 데 사용된 기록물을 확보하고 관리하는 가운데 책을 출판한다면 아카이빙의 일환이라고 할 수 있지만, 결과물로서 책만 발간하고 그것을 아카이빙이라고 하는 것은 아카이빙의 본질을 흐릴 수 있어서 경계해야 한다. 출판 코디네이터 정도준 님의 말대로 "모든 아카이브는 책을 만들 수 있지만, 모든 책이 다 아카이브는 아니다."

아카이빙 활동이라는 이름으로 지역에서 어르신들의 삶을 인터뷰하거나 소장하고 있는 기록을 소재로 예술 창작을 하는 경우가 있다. 매우 흥미로운 일이고, 사람과 세상에도 유익하다고 생각한다. 그런데 자신의 삶과 재산을 소재로 제공한 어르신들에 대한 적절한 예우는 하지 않고, 성과는 창작자가 취하는 경우도 있다. 아카이빙의 취지에 정면으로 반하는 일들이다.

반면에 연구자들 중에는 책상에서 배운 이론을 그대로 모든 현장에 적용하려는 이들이 있다. 민간영역에서 일반인들이 기록을 만들 때에는 아카이빙 주체의 역량과 아카이빙 환경을 전제로 최선을 다하되 반드시 지켜야 할 요소는 놓치지 않는 것이 중요하다. 예를 들어 기록물 기술(description)에 있어서 전문 아카이브에서 하는 기술처럼 기록 활동에 참여한 주민들이 수십 개의 항목을 입력할 수는 없다. 그렇다고 기술을 하지 않는 것은 아카이빙이 아니다. 이때 놓치지 말아야 할 최소한의 항목에는 어떤 것이 있는지 충분히 논의하고 적절한 방법을 찾아나갈 수 있다. 물론 과정에서 다소 소홀하거나 시행착오를 겪을 수는 있다. 스스로 연구자, 전문가라면 적극적으로 참여하여 자신이 바람직하다고 생각하는 방향으로 갈 수 있도록 힘을 보태는 것이 마땅하다. 충분한 논의도 하지 않은 채 보통의 일상을 살아가는 주민들의 아카이빙 활동을 질 낮은 작업으로 재단하고 폄훼하는 것은 연구자 또는 전문가들이 취할 태도가 아니다.

둘째, 주민 아카이빙 활동 프로그램을 맡은 문화기관 직원의 업무 관련 정체성 문제이다. 여러 문화기관에서 주민들과 함께하는 아카이빙 프로그램을 진행하는 것은 이전에 없었던 새로운 일을 시작하는 것이다. 그런 기관에서는 담당하게 된 직원에게 기존 업무를 다소 줄여주는 등 어느 정도 업무 조율을 하게 된다.

아카이빙을 담당하게 된 직원은 새로 맡은 일을 책임 있게 수행하기 위해 상당한 시간과 노력을 기울인다. 이때 자칫 자신이 맡은 업무 비중의 안배에 실패하면 동료들에게 좋지 않은 영향을 주게 되는 경우가 발생하곤 한다. 정도가 심한 경우 조직 전체에 영향을 미치기도 한다. 이럴 때일수록 아카이빙을 왜 하는가 생각해 보면 좋겠다.

담당 직원은 지역 주민들의 삶의 흔적을 다루는 일에 기관의 일원으로 참여하는 것이다. 서로 다름을 인정하고 기록을 통해 서로를 이해하며 존중감을 갖고 소통해야 한다. 조직과 동료도 마찬가지다. 진솔하게 상황을 공유하고 대안을 함께 마련하는 것이 우선이다. 답이 나오지 않을 때는 잠시 멈출 수도 있다. 문화기관이 곧 아카이브는 아니지 않는가. 물론 아카이빙을 잘하면 기관이 건강해지기도 하지만 기관이 건강해야 아카이빙도 할 수 있다는 점을 잊지 말아야 한다.

셋째, 사심 또는 목적을 갖고 마을 기록 활동에 참여하는 경우이다. 예를 들면 상품판매 등으로 경제적 이득을 취하고자 하거나 특정 종교나 단체에 사람들을 가입시킬 목적으로 참여하는 사람들이 있다. 불순함을 넘어 다른 사람들이 노력해서 만든 소중한 기회를 가로채는 나쁜 행위이다. 건강한 지역을 만들고, 공동체를 활성화하고자 아카이빙을 공부해서 활동하는 프로그램은 많은 사람들의 노력으로 마련된 기회이다. 공동의 노력으로 만든 사회적 자산을 개인이 가져가려는 것과 다르지 않다. 구성원들의 지혜를 모아 근절해야 한다.

민간 아카이빙과 분야의 활동가, 연구자, 기관 담당자들에게서 이런 문제가 등장하는 건 이전에 비해 활동이 양적으로 증가하고 있기 때문이라고 긍정적으로도 생각해 본다. 양적으로 성장했다고 아무런 노력 없이 무조건 질적으로 성장할 것이라고 믿지 않는다. 새롭고 어려운 문제를 만날 때는 냉철한 이성으로 평가하고 함께할 수 있는 개선방안을 찾아야 할 것이다. 대화가 중요하다.

한해를 맺고 새해를 시작할 때 가졌던 계획들 중 실현된 것도 있고, 그렇지 못한 것도 있을 것이다. 2019년 12월을 기억하는가. 2020년 지금은 어떠한가. 2019년에 그려봤던 2020년이 그대로 펼쳐지고 있는 사람은 거의 없을 것이다. COVID-19는 우리 삶과 관계를 온통 바꾸어 놓았다.

누구도 상상하지 못했던 재앙이 온 세계를 덮쳤고, 우리는 그 안에서 새로운 삶을 열어가고 있다. 예방과 치료방법이 없었던 처음에는 두려움 그 자체였다. 설령 백신이 나온다 해도 이전으로 돌아갈 수는 없을 것이라는 회의도 있었다. 하지만 어느새 서서히 재난을 극복하고 예전으로 돌아오고 있다. 잊지 말아야 하는데도 자꾸만 잊히는 게 있다. 그 시기 '목숨 걸고' 동시대인을 지켜낸 의료진들, 자원봉사 활동가들을 비롯한 많은 사람들. 이른바 코로나 시기가 종식되면, 이분들에게 사회 전체가 인사할 기회가 있을 거라 생각했으나 아직 그러지 못하고 있다. 지면을 통해 나라도 먼저 감사의 인사를 보낸다.

1960~70년대 종이신문에서 21세기를 전망하던 기획기사들은 거의 현실이 되고 있다. 걸어 다니면서 전화를 하고, 그 손에 잡히는 전화기로 엄청난 돈을 벌기도 한다. 1980년대 해외에 나가는 것조차도 자유롭지 못할 때, 외국에 거주하는 지인과 편지를 주고받으려면 하세월이었다. 게다가 손편지에 담기는 정보는 매우 제한적이었다. 이제는 전화기 하나로 세계 여러 나라의 무수히 많은 사람들과 실시간 대용량 정보를 주고받을 수 있다. IT의 발달은 새로운 문명을 열었다. 새 문명의 핵심은 소통 구조의 변화이다. 사람의 의사소통 구조면에서 보면 혁명적인 변화이다.

지난 100년 정도만 보더라도, 해방, 분단, 전쟁으로 폐허가 된 우리나라는 1950년대 세계에서 가장 가난한 나라 중의 하나였다. 70여 년 지난 지금은 세계 10위권의 경제규모를 갖게 되었다. 독재는 저항을 낳았고, 저항은 희생을 수반해야 했으며, 그 결과 서서히 제도적 민주주의가 정착되기 시작했다. 제도의 변화보다 더 빠른 속도로 사람들의 의식은 성장했다. 정치권이 욕먹는 것도 시민의식에 걸맞지 않은 정치행태를 보이기 때문이다.

급격하게 변화하는 시대에 살고 있다기보다는 사람들이 급격한 변화를 만들어 왔다는 생각이 더 크다. 그간 사람들의 고민, 활동, 갈등, 협력, 그 밖의 여러 관계의 흔적들은 어떻게 남아 있을까. 학교에서 배운 역사 교과서에서 찾아보긴 어렵다.

현장 활동이나 구술 인터뷰로 만났던 연세 높으신 분들은 늘 인생의 새로운 가르침을 주신다. 활동가로 만나 뵌 분 중 가장 고령인 분은 본문에도 등장하는 은평구의 1940년생 최호진 선생님이다. 송구하게도 내가 강의실 앞에 나와 있고, 이분은 책상에 앉은 상태에서 만났다는 이유로 아직도 나에게 존대를 하신다. 내가 전해드린 건 알량한 아카이빙 방법 몇 가지였던 것으로 기억한다. 실제로 사는 데 도움이 되는 가르침은 내가 선생님으로부터 받았다. 선생님은 활동가들의 애로사항을 겸손한 자세로 대변해 주셨고, 젊은 세대들과의 소통의 의미를 몸소 보여주셨다. 이분의 활동은 '기록 활동'에 머물러 있지 않는다.

지역을 다니면서 만났던 사람 중에 가장 어린 사람은 영등포구 양평동에서 만났던 활동가의 자녀인 '마을'이다. 아이의 태명이 '마을'이었다. 본명은 기억하지 못한다. 내가 처음 만났던 구술 강의 때 채 돌이 되지 않아 보였는데, 마을이는 세상의 빛을 보기 이전부터 엄마, 아빠 그리고 마을 분들과 함께 마을 활동에 참여했다고 한다.

혼한 말로 '격동의 현대사'를 온몸으로 일궈 온 팔순의 어른과 이제 세상을 마주하는 어린이가 대화했으면 한다. 한글, 한국어라는 같은 문자, 같은 언어를 사용하기 때문에 당연히 기본적인 의사소통은 가능할 것이다. 하지만, 80년의 시간 동안 세상은 그야말로 상전벽해 되었다. 의사소통의 방식도 완전히 바뀌었고, 생활습관, 직업, 정치, 가족과 국가, 성 등에 대한 의식은 비교할 수 없이 달라졌다. 과연 이들은 온전하게 의사소통할 수 있을까.

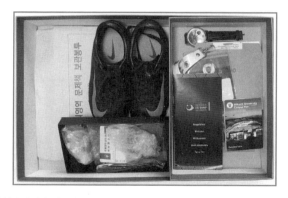

아들의 삶에서 의미 있는 이야기를 담고 있다고 생각하는 것들을 상자 몇 개에 모아두고 있다. 탯줄, 처음 자른 머리카락, 태어날 때 병원기록, 처음 신었던 축구화, 처음으로 글 써서 상으로 받은 시계, 수능시험지 등. 부모와 자식 사이라도 부모는 부모 이야기하고 자식은 자식 이야기하는 법. 저 기록들에 대해서도 어쩌면 서로 다른 기억을 갖고 있을 것이다. 차차 이야기 나누면서 서로의 기억을 견줘 보면 재밌을 것 같다.

의사소통을 하기 바라는 이유는 우리 사회의 불필요한 갈등과 분쟁이 줄어들기 바라는 마음에서다. 제도나 법만으로는 어렵다. 아무리 좋은 제도나 법도 빈틈은 있고, 그것을 잘 악용하는 사람들은 언제나 있기 마련이다. 모르는 사람의 잘못은 무심하게 비판할 수 있지만, 아는 사람의 잘못은 한 번 더 생각하게 된다. 저 사람이 왜 그랬을까?

무조건 비판하거나 칭찬하기보다는 배경과 이유를 살펴 이해해 보려고 하는 것은 인지상정이다. 기록은 사람들의 흔적이다. 기록을 통해 사람을 보게 된다. 이해의 폭이 넓어지는 것은 당연한 결과다. 이해는 아량과 배려 그리고 냉철함도 가져다준다. 그렇게 기록은 동시대인들 간의 소통 그리고 세대 간의 소통을 도와줄 것이다.

아카이빙은 기록을 다루는 것처럼 보이지만 결국은 사람을 대하는 것이다. 사람이 사람다워지려면 어떻게 살아야 하는지를 끊임없이 고민해야 한다. 인류는 항상 새로운 길을 만들어왔다. 뒤에 오는 사람들은 그 길을 쉬이 따라올 것 같지만, 꼭 그렇지만은 않다. 또 다른 새로운 길을 개척하곤 한다. 설령 그 길로 따라 오더라도 새롭게 자란 나무, 안 보였던 돌부리, 천둥번개 그리고 햇살은 늘 새롭다. 그 길이 외롭지 않으려면 함께하는 방법 밖에는 없다. 우리는 아카이빙이라는 새로운 길을 간다. 부디 더 많은 사람들과 함께 가고 싶다.

세상을 바라보는 따뜻한 시선, 아카이브

1판 1쇄 발행 2024년 1월 25일

지은이   손동유

발행인   김성룡
코디   정도준
편집   심영미
교정   김은희
디자인   김민정

펴낸곳   가연
주소   서울시 마포구 월드컵북로 4길 77, 3층 (동교동, ANT빌딩)
문의 메일   2001nov@naver.com
구입 문의   02-858-2217
팩스   02-858-2219

이 도서는 한국출판문화산업진흥원의 '2023년 중소출판사 출판콘텐츠 창작 지원 사업'의
일환으로 국민체육진흥기금을 지원받아 제작되었습니다.